史上初！
これ1冊でクイズのことが
まるっとわかる

著：三木智隆、石野将樹、徳久倫康
著・監修：田中健一
イラスト：荒井 牧

クイズ用語辞典

朝日新聞出版

はじめに

　　クイズブームといわれるようになってから、ずいぶんと時間がたちました。かつてのクイズブームは「クイズ番組の流行」を意味していましたが、近年の動きはそれにとどまりません。YouTubeには「QuizKnock」に代表される動画コンテンツが連日アップロードされ、『みんなで早押しクイズ』のように手軽にクイズに触れられるアプリが100万回以上のダウンロード数を記録し、全国の教育機関に新興のクイズ研究会が急増しています。これらは歴史的に見れば、『ウルトラクイズ』などの人気番組の影響で蒔かれたクイズ文化の種が、長い時間をかけ、新しい技術とともに芽吹いたものといえます。

　　本書では、このムーブメントをより多くの方に楽しみ、親しんでいただくために、重要と思われる用語や人名をピックアップし、コンパクトな解説を試みました。書名のとおり用語辞典として活用できる一方、読み物としても楽しめるよう、随所に豆知識やムダ情報を盛り込んでいます。

　　ところで、じつはこの用語辞典には、「クイズ」という項目がありません。のちにコラムでも触れるように、この言葉はじつに広い意味合いで使われてきました。本書ではその多義性をそのまま受け止め、クイズにまつわる多様なトピックを説明することで、その全体像を描き出そうとしています。

　　われわれを魅了してやまないクイズという魔物 ―― その正体に迫る旅のはじまりです。どうぞお楽しみください。（徳久倫康）

用語辞典に掲載されている用語はコラムに太字で示した。テレビ番組の項目では、主に
放送されたテレビ局系列を掲載した。人物の項目では、（　）内に生（没）年を掲載した。
見出しの固有名詞は正式名称ではないものもある。

クイズの見取り図

「**ク**イズ」という言葉でイメージするものはさまざまでしょう。**早押しクイズ**、**○×クイズ**、**択一クイズ**、**なぞなぞ**のような言葉遊び、**パズル**、**謎解き**など、設問と答えからなる多くのコンテンツが、この一語で呼び表されています。ここでは、いまの日本における「クイズ」がどのような広がりを見せているのかを、なるべく広い視野で概観してみましょう。

いまに至るまで大きな影響力を持ち、なにより本邦における「クイズ」イメージを強く規定してきたのはテレビ番組です。『**アメリカ横断ウルトラクイズ**』や『**パネルクイズ アタック25**』、『**クイズ＄ミリオネア**』といった番組は多くの視聴者を魅了するとともに、数々のパロディやオマージュを生み出しました。これらの番組は一般視聴者が参加可能で、好成績を収めると海外旅行に行けたり、賞金が与えられたりといった見返りがあります。クイズといえば高額賞金、というイメージを持たれている方も多いでしょう。

ただ実際のところ、視聴者参加の番組は年々減り続け、2021年にはあの『アタック25』でさえ、46年の歴史に幕を下ろすことになりました。のちBSJapanextでリスタートしたものの、地上波で一般視聴者が参加できるレギュラー番組はなくなり、不定期特番の『**99人の壁**』が残るばかりです。

他方、クイズ番組そのものはいまもメジャーです。芸能人が出演するクイズ番組は、それこそ毎日のように放送されています。『ウルトラクイズ』や『アタック25』のように早押しを主体とした番組は少なく、『**ネプリーグ**』『**Qさま!!**』のように多彩な形式にチャレンジするもの、『**THE突破ファイル**』や『**チコちゃんに叱られる!**』のように情報番組を主体としながらクイズ形式を採用しているものが目立ちます。

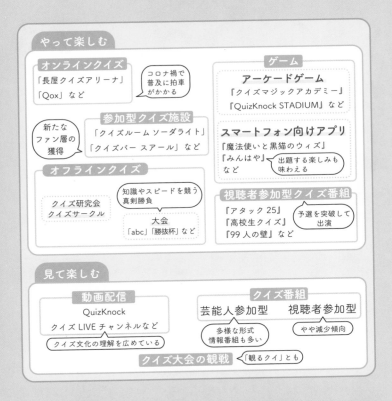

やって楽しむ

オンラインクイズ
「長屋クイズアリーナ」
「Qox」など

コロナ禍で普及に拍車がかかる

ゲーム

アーケードゲーム
『クイズマジックアカデミー』
『QuizKnock STADIUM』など

スマートフォン向けアプリ
『魔法使いと黒猫のウィズ』
『みんはや』など

出題する楽しみも味わえる

新たなファン層の獲得

参加型クイズ施設
「クイズルーム ソーダライト」
「クイズバー スアール」など

オフラインクイズ

クイズ研究会
クイズサークル

知識やスピードを競う真剣勝負

大会
「abc」「勝抜杯」など

視聴者参加型クイズ番組
『アタック25』
『高校生クイズ』
『99人の壁』など

予選を突破して出演

見て楽しむ

動画配信
QuizKnock
クイズLIVEチャンネルなど

クイズ文化の理解を広めている

クイズ番組
芸能人参加型　　視聴者参加型

多様な形式　　やや減少傾向
情報番組も多い

クイズ大会の観戦　「観るクイ」とも

　一方、よりクイズに特化したコンテンツをネット経由で提供しているのが「**QuizKnock**」です。特にYouTubeチャンネルは200万以上の登録者を持ち（2023年3月時点）、高頻度でクイズ動画が投稿されています。扱われる「クイズ」の幅はかなり広く、早押しクイズだけでなく謎解きもあり、漢字パズルやなぞなぞのようなものもあります。

　彼らのバックボーンとなっているのはいわゆる「**競技クイズ**」で、主要メンバーの多くは教育機関で**クイズ研究会**に在籍した経験を持ちます。そのうえで形式やジャンル設定で遊びや捻りを効かせて、いわば競技クイズ文

化のエッセンスをうまくアレンジして企画動画を成立させています。競技クイズをそのまま見せる動画は稀ですが、競技クイズ文化への理解を広めるという点で果たしている役割は大きいはずです。

　競技クイズのプレーヤー人口については統計的なデータがないのですが、少なくとも体感的には、近年増加の一途をたどっています。例えば2017年にスタートした**AQL**（All Japan Quiz League）を例に取ると、発足初年の正味参加人数が869人であるのに対し、2022年度には2572人を数えます。地域ごとに行われるリーグ数も15にのぼり、北海道から九州まで、全国に盛り上がりが波及しています。

　また、「クイズルーム **ソーダライト**」や「**クイズバー スアール**」など、一定の参加料を支払う代わりにクイズに参加できる施設も増えてきました。いままでであれば、クイズサークルに参加し、一定の義務（企画の開催など）をこなさなければクイズの場を確保するのは難しかったのですが、プレーヤー人口の増加が新たなビジネスモデルを生み、これがいままでとは違う層のプレーヤーを生み出しつつあります。

　場所にとらわれない**オンラインクイズ**も広がっています。クイズアプリと「Skype」や「**Discord**」などの通話アプリを組み合わせて使うのが一般的で、遠隔地にいながらにして簡単に早押しクイズで競うことが可能になりました。かつては「PCOQ」というWindowsアプリが使われていましたが、現在は「**Qox**」や「**長屋クイズアリーナ**」といったウェブブラウザ上で動くアプリが普及しています。

こういった広がりの背景には「QuizKnock」の活躍や『**東大王**』の人気、アニメ化や舞台化もされた漫画『**ナナマル サンバツ**』のヒットなど多くの要因が考えられますが、見逃すことができないのはオンラインゲームです。

特にアプリ『**みんなで早押しクイズ（みんはや）**』は革命的でした。当初は収録問題数が少なく、あっという間に答えを覚えれば勝てる「覚えゲー」になってしまう弱点を抱えていましたが、ユーザー投稿を活用しつつ一定の水準を保ちながら問題数を増やし、徐々にクイズゲームとしての完成度を高めていきました。決定的だったのはユーザー自身が「ルーム」を開いてクイズ企画を主催できる機能の実装です。

いままでであれば、**クイズサークル**に所属しない限り、自作の問題を他者に出題する機会を得るのはほとんど不可能でした。それがスマホ1つで可能になったのです。**問い読み**がうまくなくても構いません。寝転がっていたって良いのです。なんと気楽なことでしょう。

また、ニッチなカルトクイズを出しやすいというのも利点です。極端に**ジャンル**を絞ったクイズは、従来のクイズサークルや**例会**では敬遠されがちでした。場合によっては誰も答えられず、白けてしまうことになりかねません。一方『みんはや』であれば、莫大なユーザーのうち何人かに刺されば十分です（ダウンロード数は Android 版だけで100万を超えています）。

当然の話ではありますが、従来のクイズゲームはあくまで、クイズに解答することに特化し

ていました。しかしクイズを出題し解いてもらうというのも、また独特の楽しさがあります。クイズサークルでは半ば義務だった「出題」という行為が、『みんはや』により義務から解放され、純粋な楽しみとして営まれるようになったのです。毎日のように高水準の自作問題企画が開かれており、名のあるクイズプレーヤーから『みんはや』を始めたばかりの初心者まで、幅広い層の参加で賑わいを見せています。

ほかにも『クイズRPG **魔法使いと黒猫のウィズ**』は4000万ダウンロードを超えていますし（いわゆる「リセマラ」が行われやすいゲームなので、純粋なプレーヤー数は割り引いて考える必要がありますが、それにしても相当な数字です）、オンライン通信対戦の先がけである「**クイズマジックアカデミー**」シリーズはまもなく20周年を迎えるいまも現役のゲームです。

いままで紹介してきたように、現在では多様なクイズが確実に活況を呈しています。それらは一体というよりも、ゲームのユーザーであればゲームごとに、番組のファンであれば番組ごとに、というように、それぞれがSNSをベースにコミュニティを形成しています。その上でそれぞれがゆるやかに重なり、結びついています。

このコラムをお読みいただいている方は、少なくともなにかの「クイズ」に興味があるはずです。クイズには正解がありますが、クイズの楽しみ方に正解はありません。本書で紹介されるさまざまなトピックから、いままで触れてこなかったようなクイズのあり方にも興味をお持ちいただければうれしいです。（徳久倫康）

クイズを見る楽しみ

そ の昔、クイズは「テレビ番組で見る」という楽しみ方が主流でした。しかし近年、クイズを取り巻く環境が多様化したこともあり、さまざまな楽しみ方が生まれています。クイズ大会などを現場で観戦する「見るクイズ」も、その1つです。一部では、将棋観戦を趣味とする「観る将」になぞらえて「観るクイ」などと呼ばれています。

　私（三木）も**「勝抜杯」**などのクイズ大会を長年主催していますが、最近は「見学はOKですか?」という質問を受けることが増えました。**クイズプレーヤー**として「クイズの楽しみをもっと知ってほしい!」「クイズに触れてほしい!」という思いが強いため「会場に来られるのなら、大会に参加されてみませんか?」と返信をするのですが、「いいえ、私はクイズを見たいだけなのです」という返答を何度も受けたことがあります。私はクイズを解いたり、答えたりするのが大好きなので「クイズを見るだけで、楽しいのだろうか」と今でも思うのですが、見学された方は、満足して帰ってくださっているようです。最近では、さまざまな**オープン大会**で見学枠が設けられており、需要の高さを感じます。

　大会で「何を見るか」「何を楽しむか」は人それぞれのようです。1日で600問〜800問近くクイズが出題されるなかで「知識のシャワーを浴びて帰りたい」という方もいらっしゃいます。それだけの問題量があれば、観戦者の琴線に触れるような「刺さる問題」も何問か出題され、「自分の推しの問題が出た」というだけで、喜ばれる方もいるようです。

　トッププレーヤーや、応援しているプレーヤーのクイズを間近で見てみたいという方も存在します。同じ空間ではなくても、YouTube などの動画配信サービスを通じて、観戦を楽しめるようになってきました。私が携わった

なかで最も印象的だったのが「**QuizKnock**」で2018年から4年間、夏に生配信された「**12時間クイズ**」です（2022年は後継企画として「500問耐久クイズ」を実施）。途中で小休止を挟みながら12時間ぶっ続けでクイズを行う、常人には理解しがたい企画です。毎回、1000問以上のクイズを使用。私も**伊沢拓司**CEOからの依頼で出題を担当したことがあり、そのときは、チャット欄やTwitterでの反響の大きさに驚きました。問題を聞いていて「わかった！」という感覚をチャット欄で共有するというのも、新しいクイズの楽しみ方なのかな、と感じています。動画配信を行うクイズ大会も少しずつ増えてきており、スーパーチャットなどの寄付で運営費の一部をまかなうイベントも出てきました。テレビ放映ができないマイナースポーツではYouTubeでの動画配信が当たり前の時代になっています。今後のクイズ大会でも配信は増えてくるのでは、と考えています。

　競技クイズはスポーツ的な要素を多分に持ち合わせているので、スポーツ観戦のような楽しみ方ができます。クイズプレーヤーが超難問を単独正解する姿を、プロ野球ヤクルトの若き三冠王・村上宗隆選手が放つホームランのように感じ、会場から歓声が上がることもしばしば。**早押しクイズ**で、ライバルたちに0.001秒押し勝って解答権を奪う姿は、ビーチフラッグスの旗を奪い合う姿に重なって見えます。

　AQL（All Japan Quiz League）に代表されるチーム戦は、個人戦にない魅力があります。1チーム5〜10人が満遍なく正解することを求められるルールで、普段活躍していないプレーヤーの1○（1問正解）が、逆転勝利を呼び込むこともよくあります。知識量、早押しの技術だけでなく、メンタルも重要な要素となります。チーム戦ならではの一体感は、プレーしている側だけでなく、見ている方にも、スリリングさが伝わってきます。「自分はできる」とマインドコントロールをかけてボタンに臨むプレーヤーの姿は尊く、クイズ終了後に涙をこぼすプレーヤーも多く見てきました。

　また、トッププレーヤーの戦いを継続して見ていると「推しプレーヤーの

誕生」などにもつながってきます。スポーツやアイドルの世界と同様に、クイズプレーヤーにもファンがつくことがあります。最初は『東大王』やテレビ番組に出演していたクイズプレーヤーが入口となり、続けていくうちに、推しができるという構図でしょうか。クイズの世界では多くのプレーヤーが趣味の延長として楽しんでいるため、「プレーヤー名鑑」的な本やサイトが存在しません。プライバシーの露出に対してさまざまな考え方があるため、難しい問題ですが、今後は、プレーヤーの魅力や得意ジャンルを広く伝えることで、麻雀のMリーグのように、観戦者がより楽しめる土壌が開拓されるかもしれません。

　一方、早押しクイズは観戦に向いていない性質もあります。クイズは静のスポーツで、プレー中のわかりやすい動きといえば、ボタンを押すときの指や、**勝ち抜け**たときのリアクションくらいです。プレーヤーは、得点状況、問題傾向、対戦プレーヤーなどさまざまな情報を頭に入れ、次の問題で取るべき短期的戦術、ゲーム全体を見据えた長期的な戦略を練ってクイズに臨んでいます。しかし、これらの思考過程は、観戦者にはなかなか、伝わりません。クイズでも、スポーツの中継のような解説者を置く試みが始まっています。学生の日本一決定戦「**abc**」では音声放送で、解説実況を入れる試みを実施しています。QuizKnockが2022年に立ち上げた高校生向けの大会「**WHAT**」では、クイズの中継中に音声解説をディレイで入れたり、ボリュームを下げて挟んだりする工夫をしていました。早押しクイズの場合、出題と解答は音声のみでされるため、音声を重ねる解説は難しく、見せ方の工夫を試行錯誤しているところです。

（三木智隆）

オープン大会「勝抜杯」

クイズに参加する楽しみ

実 際にクイズをプレーヤーとして楽しむためには、どんな方法があるのでしょうか。アプリ、カフェから大学の**クイズ研究会**、一般参加のできる大会まで、いくつか紹介していきたいと思います。

まずはスマートフォンで手軽に楽しめるクイズアプリから。P7で紹介されている『**みんなで早押しクイズ（みんはや）**』、累計100万ダウンロード以上と多くの人に愛されているアプリです。2022年夏には大規模リニューアルが実施され話題となりました。アプリにはすでに多くの問題が収録されており、「ランダムマッチ」で手軽に早押しクイズを楽しむことができます。さらに、「フリーマッチ」では全国の猛者たちが自作のクイズを出題しあって楽しんでおり、日夜ハイレベルな戦いが繰り広げられています。『みんはや』

クイズバー　スアール

きっかけで知り合った人同士のオフラインの集まりもあるようですし、まさにクイズプレーヤー必携のアプリといえますね。

　続いて紹介するのは、東京、名古屋、大阪にある「**クイズバー スアール**」。店内は通常のバーに**早押し機**が設置されており、お酒を飲みながら**早押しクイズ**が楽しめます。基本的には初心者〜中級者向けの問題が出題されますが、イベント日にはそのイベントにあったクイズが出題される場合もあるようなので、気になった人はぜひウェブサイトやSNSをチェックしてみてください。クイズは初めてという友人を誘って行ってみるのも楽しそう！

　学生の場合は、学校のクイズ研究会や**クイズサークル**に入ってみることをオススメします。中高生向けの大会や例会の情報はTwitterの「中学・高校クイズ情報局」というアカウントでゲットすることができます。本番での活躍を狙うのであれば、インターネットの通販サイト「**クイズ宅配便（Q宅）**」や「**BOOTH**」でクイズの問題集を購入し、腕を磨きましょう。大学生や社会人向けも含めたクイズイベントの情報を入手するのであれば、クイズナビゲーションサイト「**新・一心精進**」が便利です。「今後の大会詳細情報」を見ると、開催日や場所に加えて参加**レギュレーション**などの情報が載っているので、自分が出場できそうな大会を見つけてぜひエントリーしてみてください！　このサイトには、開催前の大会に関する情報だけでなく、開催後の結果報告も掲載されるので、結果報告に成績上位者として名前が掲載されることを目標に掲げているプレーヤーも多いようですよ。

　「大会に出たけどほとんど正解できなかった！悔しい！」という方は、「**Qox**」や「**長屋クイズアリーナ**」といったオンラインの早押しツールを使って押し足りない気持ちを解消しましょう。ここまできたらあなたも立派な**クイズプレーヤー**!?（石野将樹）

「あ」行

A

| 団体 | サークル |

A
あ

→短文クイズサークルA（あ）

| 大会 |

ISDオープン
あいえすでぃーおーぷん

新潟県で2001年から開催されているオープン大会。近年では初日に団体戦、2日目に個人戦が行われる。地酒を楽しむ懇親会も名物。大会中の落下事故により破損するまで、優勝者にはトロフィーとしてダヴィデ像が贈られるのが慣例だった。名前の由来は新潟競馬場で行われる「アイビスサマーダッシュ」。

| 番組 | テレビ |

『iQバトル!20世紀』
あいきゅーばとるにじっせいき

CSのフジテレビ721（現・フジテレビTWO）の視聴者参加型クイズ番組（1999〜2000）。司会は竹下宏太郎と島田彩夏。20世紀に関するクイズのみが出題され、ブルー・バイオレット・オレンジ・グリーン・レッドの5人のバトラーが対決。出場者の多くを強豪プレーヤーが占め、ハイレベルな戦いが繰り広げられた。米米CLUBのダンサーとしても活躍した竹下の軽妙な司会と、主観丸出しの論述問題の採点も話題に。

| ツール |

ICレコーダー
あいしーれこーだー

会議や授業を録音するための電子機器。クイズプレーヤーは、大会や例会中に、問題の録音用として所持していることが多い。ボタンを押すと数秒前に戻る「聞き直し機能」を用いて、早押しの練習をするプレーヤーも存在する。スマートフォンの普

及により、最近は録音アプリを使う
プレーヤーも増えている。

青問（青い）
あおもん（あおい）

アニメ、ゲーム、漫画などに関する
問題。アーケードゲーム『クイズマ
ジックアカデミー（QMA）』で、こ
れらのジャンルの色が青色であるこ
とに由来し、「青問」限定のオープ
ン大会も開催される。同様に芸能ジ
ャンルの問題は「緑問」（「みどもん」
と呼ばれることが多い）という。

人物　文化人

青柳 碧人
あおやぎ あいと

小説家（1980〜）。早稲田大学クイ
ズ研究会出身という経歴を生かした
作品もあり、小説『双月高校、クイ
ズ日和』では全国大会を目指す高校
生たちを描いた。『Qさま!!』やネ
ット配信番組『魁!!クイズ塾』に出
演経験がある。

用語　大会

赤プレート
あかぷれーと

オープン大会「abc」で採用されて
いるネームプレート。48人の1st
Round通過者のうち、1位〜4位
が赤プレート、5位〜12位が青プ
レート、13位〜24位が黄プレート、
25位〜48位が緑プレート。黄プ
レート以上は次のラウンドのクイズで
アドバンテージが与えられる。学生
プレーヤーは色で順位を表現するこ
とが多く、「4色制覇」などの概念
も存在する。「abc」を模した大会
でも、しばしば採用され、他の色を
交えたバリエーションもある。

人物　芸能人

麻木 久仁子

あさぎ くにこ

クイズ番組で活躍するタレント（1962〜）。学習院大学在学中にスカウトされて芸能界デビュー。『ヒントでピント』『マジカル頭脳パワー!!』など多くの番組で活躍し、『クイズ！ヘキサゴンII』で毎回行われた筆記テストでは初の満点を獲得。「芸能界のクイズ女王」と呼ばれ、世代が近く同じ称号を持つ宮崎美子との対戦がフィーチャーされることも。

用語　番組

アタックチャンス

あたっくちゃんす

『アタック25』で、残りのパネルが5枚になった時のルール。正解すると、パネルを1枚獲得したうえで、すでに誰かが獲得したパネルをあけることができるため、しばしば逆転劇のきっかけとなる。司会者が「アタックチャンス！」のコールとともに行うポーズでもおなじみ。

番組　テレビ

『アタック25』

あたっくにじゅうご

テレビ朝日系列の視聴者参加型クイズ番組（1975〜2021）。正式名称は『パネルクイズ アタック25』。司会は児玉清➡浦川泰幸➡谷原章介（石井亮次）。赤・緑・白・青の席に座った4人の解答者が早押しクイズに挑戦。正解すると5×5のパネルの中から1つを自分の色にすることができ、オセロの要領でパネルを増やしていく。「アタックチャンス」があるため、終盤に大逆転することも可能。視聴者参加型番組が次々に姿を消すなか、日曜日のお昼に放送され続けたが、2021年9月に終了。しかし、2022年3月に新しい放送局「BS Japanext」で『パネルクイズ アタック25 Next』として復活した。

用語 | 形式

アタック風サバイバル
あたっくふうさばいばる

早押しクイズの形式。「アタサバ」とも。全員が一定のポイントからスタート。正解すると他のプレーヤーのポイントが1減り、誤答すると自らのポイントが1減る。ポイントが0になったら失格。『アタック25』の「大学対抗！100人の大サバイバル」（1989～1991）に由来する。

番組 | テレビ

『当たってくだけろ！』
あたってくだけろ

TBS系列のクイズ特番（1990～1993）。正式名称は『オールスター激突クイズ　当たってくだけろ！』。司会は高田純次。3人のクイズ王（ほとんどの回は西村顕治・道蔦岳史・石野まゆみ）と芸能人チームが10問の早押しクイズで対決。芸能人チームは正解数に応じて賞品が獲得でき、全問正解の賞品として「株式会社東京放送」が用意されたことも。芸能人チームの豪華な顔ぶれと、クイズ王たちの容

用語 | 形式

アップダウン
あっぷだうん

早押しクイズの形式。往年のクイズ番組『アップダウンクイズ』のルールに由来し、狭義では1回目の誤答で0ポイントに戻り、2回目の誤答で失格となる形式を指す。誤答に厳しいため、ボタンを押すポイントは遅くなりがち。10ポイント先取のルールで行われることが多い。

番組 | テレビ

『アップダウンクイズ』
あっぷだうんくいず

テレビ朝日系列→TBS系列の視聴者参加型クイズ番組（1963～1985）。司会は西郷輝彦ら。ゴンドラに乗った6人の解答者が早押しクイズに挑戦。正解するとゴンドラが1段ずつ上がり、10問正解でハワイ旅行と賞金を獲得。誤答するとゴンドラが最下段まで下がり、2回目の誤答で失格となった。始まったのは海外旅

行自由化の前年で、初めて海外旅行が賞品になった番組でもある。著名人も多数出場し、著名人初の10問正解者は王貞治。番組終了から40年近く経った現在も、形式に名を残す。

| 用語 | 専門 |

後限定
あとげんてい

→限定

| 用語 | 大会 |

アドバンテージポイント
あどばんてーじぽいんと

オープン大会などで、予選の順位に応じて本戦であらかじめ与えられるポイント。「abc」では、5〇で勝ち抜けとなる2nd Roundで、赤プレートなら3〇、青プレートなら2〇、黄プレートなら1〇が与えられる。「アド」と略され、与えられるポイントにより3アド、2アドのように呼ばれる。

| 人物 | 芸能人 |

阿部 亮平
あべりょうへい

アイドルグループ「Snow Man」のメンバー（1993〜）。ジャニーズ事務所の活動を一時休止し、学業に専念して上智大学に合格。気象予報士の資格も取得。「ジャニーズクイズ部」のリーダーを務め、幅広い知識で活躍する。自らが表紙を飾った雑誌『QUIZ JAPAN』vol.13の中で、オープン大会の動画を見ていることに言及。個人で「早稲田式」の早押し機を購入し、所有している。

| 番組 | テレビ |

『アメリカ横断ウルトラクイズ』
あめりかおうだんうるとらくいず

日本テレビ系列のクイズ特番（1977〜1992、1998）。正式名称は頭に「史上大！」がつく。司会は福留功男
→福澤朗。スタジオの総合司会は高島忠夫、石川牧子ら。後楽園球場（のちに東京ドーム）に集まった挑戦者（後期の回は3万人近く。復活した1998年の回は5万人以上）を〇×クイズで約100人に絞り、成田空港のじゃんけんで半分に。飛行機の中で行う機内ペーパークイズの失格者はすぐに"強制

送還"。グアムやハワイを経てアメリカ本土に上陸した後も、チェックポイントごとに失格者を出し、最後まで勝ち抜いた2人がニューヨークで決勝を行った。単なるアメリカ横断にとどまらず、第9回ではパリで決勝、第10回では途中から北米ルートと南米ルートに分岐など、スケールの大きさでは群を抜いていた。また、失格者に課される罰ゲームや、ユニークな優勝賞品も話題になった。合言葉は「知力・体力・時の運」。メイナード・ファーガソンが演奏したテーマ曲や、司会者の「ニューヨークへ行きたいか〜!」という掛け声は、今でもよく知られている。

ゲーム

『アメリカ横断ウルトラクイズ』
あめりかおうだんうるとらくいず

トミー(現・タカラトミー)のボードゲーム。番組で使用されたクイズ2500問が掲載された冊子、2着判定もできる6人用早押し機が付属。本格的な早押し機が簡単に入手できなかった時代には、この早押し機が重宝された。なお、『ウルトラクイズ』にはコンピュータゲームもあり、トミーからはゲームボーイ版、ファミコン版、他社からはアーケード版、プレステ版、パソコン版が発売された。

ツール

Anki
あんき

パソコンやスマートフォンから利用できる学習用ソフトウェア。要は高性能な単語カードアプリだが、最大の特徴は分散学習の仕組みが導入されていることで、記憶の仕組みに合わせた効率的な復習タイミングをソフト側で管理してくれる。クイズ界では座学のツールとして活用するプレーヤーが多く、毎日のノルマをこなすことを「Ankiを回す」と表現する。

ゲーム

『Answer×Answer』
あんさーあんさー

セガのアーケードゲーム。通称「An×An(あんあん)」。早押し形式によ

る通信対戦を前面に押し出し、筐体の中央には大きな円形のボタンが配置されていた。2007年7月から約7年半稼働し、アプリ版などの派生作品も誕生。ユーザーによるクイズサークル「プロアンサーズ」が立ち上げられるなど、多くのプレーヤーが趣味としてクイズに取り組むきっかけにもなった。

| 団体 | サークル |

イージオス
いーじおす

明治大学のクイズサークル。1990年創設。公式サイトには「『イージオス』という名前はマレー語で北島三郎という意味です（自称）」との記載があるが、実際はゲームセンターにあった占い機『LOVE FORTUNE』によって命名された。

| 用語 | 形式 |

YES－NOクイズ
いえすのーくいず

⇒○×クイズ

| 人物 | プレーヤー |

伊沢 拓司
いざわ たくし

クイズ王、「QuizKnock」のCEO（1994〜）。レギュラーの『東大王』『林修の今、知りたいでしょ！』や『徹子の部屋』『逃走中』など多くのテレビ番組に出演。Twitterでは約

45万のフォロワーを誇り、クイズ界最大のインフルエンサーとなっている。開成高校時代に『高校生クイズ』を個人として初めて2連覇したほか、オープン大会でも「STU the first」優勝、「#NOP〜なるほどオープン〜」優勝などの実績を持つ。主な著書に『勉強大全』『クイズ思考の解体』など。サッカー・プレミアリーグのトッテナム・ホットスパーの熱狂的なファンで、試合の際は応援ツイートを大量に投稿する。

| 人物 | プレーヤー |

石野 まゆみ
いしの まゆみ

「クイズの女王」として親しまれるクイズプレーヤー（1965〜）。1978年の『クイズタイムショック』の中学生親子大会での優勝を皮切りに、クイズ番組で16回の優勝を記録した。華のあるクイズの解答ぶりがNHK関係者の目に留まり、1985年には、つくば科学万博を紹介する番組に、マスコットのコスモ星丸と共に約半年間レギュラー出演。芸能人がクイズ王と対決する『当たってくだけろ!』では西村顕治、道蔦岳史と共にクイズ王役として出演した。

| 人物 | 芸能人 |

伊集院 光
いじゅういん ひかる

タレント（1967〜）。『Qさま!!』などのクイズ番組で活躍する。「高校を中退して、中卒」とネタにしているが、雑学知識の豊富さと、独特のひらめきで番組を盛り上げている。ドラマ『古畑任三郎』シリーズでは、「VSクイズ王」の回で被害者役を演じた。三遊亭楽大という名前で落語家として活動していたことは、クイズでよく出題される。

| 人物 | プレーヤー |

市川 尚志
いちかわ たかし

クイズプレーヤー（1977〜）。早稲田大学クイズ研究会出身で、「abc」「新人王／早押王」「AQL」など、アマチュアクイズ界を代表する大会を立ち上げた。2022年からは、本業であるキオクシアの社員として、QuizKnockと協業で、クイズを自

動生成する「クイズAI」の開発に携わっている。

1対1対応
いったいいちたいおう

「首都はハルツーム➡スーダン」「α星はアンタレス➡さそり座」のように、問題文の（前振り）情報と解答が、1対1で対応しているような問題。「元素記号（原子番号）➡元素名」「有名人の本名➡芸名」なども該当する。早押しクイズで出題された場合、知識の多寡が勝負を分けることになるが、「1対1対応の知識をどこまで押さえているか」が中心のクイズは「AIでもできるのではないか」という類いの議論もよく生まれる。

一択
いったく

早押しクイズにおいて、まだ正解が限定できていないはずの問題文の途中で答えが1つに絞られること。「今出すなら一択」「この難易度でチェコ語なら○○一択」など、特定条件下で使われることが多い。

逸見 政孝
いつみ まさたか

フジテレビ（後にフリー）のアナウンサー（1945〜1993）。『クイズ世界はSHOW by ショーバイ!!』『FNS1億2,000万人のクイズ王決定戦!』『たけし・逸見の平成教育委員会』などの司会を務めた。がんのため48歳の若さで亡くなった際の最期の言葉は「3番が正解です」だったという伝説がある。

インカレサークル
いんかれさーくる

大学の垣根を越えたサークル。「インターカレッジサークル」の略。クイズ界においては、他大生も入会可能な大学クイズ研と、大学の同期入学生同士で立ち上げる同世代サークルの2種類がある。大学クイズ研の多くは他大生にも門戸を開いており、通っている大学にクイズ研がない人も参加できる。

イントロクイズ
いんとろくいず

ある曲の冒頭部分を聴いて、曲名を答えるクイズ。曲名のほか、アーティスト名、使用されたドラマや映画を答えるパターンなどもある。カセットテープやMDを使っていた時代は何かと手間がかかったが、iPodの登場以降は曲順の並べ替えや出題が格段に容易になった。現在はスマートフォンでイントロクイズが楽しめるアプリも複数存在する。音楽評論家の藤田太郎は約3万曲のイントロを最短0.1秒聴いただけで正解でき、「イントロマエストロ」という肩書で活動している。

『ウィーケストリンク☆一人勝ちの法則』
うぃーけすとりんくひとりがちのほうそく

フジテレビ系列のクイズ番組（2002）。司会は伊東四朗。最初は8人の解答者が1問1答のクイズに次々に解答。正解して獲得した賞金は積み立て、

各ラウンド終了時に投票によって1人を脱落させる。最後の2人になったら1対1で対決。勝者が積み立てた賞金全額を獲得できる。元々はイギリスの番組で、世界各国で人気を集めたが、投票で蹴落としていくシステムが日本人の気質に合わなかったのか、半年で終了となった。

ウイニングアンサー
ういにんぐあんさー

大会や例会において、出場者が優勝を決めた問題の答え。「W.A.」と略記されることもある。対戦相手の誤答により優勝が決まったときなどは、優勝者が最後に正解した問題の答えがウイニングアンサーとして扱われることが多い。

宇治原 史規
うじはら ふみのり

タレント（1976〜）。お笑いコンビ「ロザン」のメンバー。京都大学に現役合格した高学歴芸人として、学問系の知識を武器にクイズ番組で広く活

躍。雑誌『QUIZ JAPAN』では vol.2の表紙を飾った。2017年の『アタック25』に、芸能人枠ではなく一般人と一緒に予選を受けて出場。パネル獲得０枚に終わり、相方の菅広文から「ゼロ原」と揶揄された。

用語 | 専門

嘘振りクイズ
うそふりくいず

問題文の前振り部分が嘘である早押しクイズ。「宇宙での食料としてスープと肉を積み込んだことに由来する……わけではない、1957年に打ち上げられた世界初の人工衛星は何?」「スプートニク１号」のように、答えに対してダジャレになるような嘘であることが多い。

用語 | 専門

嘘問
うそもん

問題文や正解に誤りがある問題。作成時には正しい問題だったものが、時間が経って事実が変わってしまい嘘問になってしまうこともある。

番組 | テレビ

『ウッチャンナンチャンの炎のチャレンジャー』
うっちゃんなんちゃんの
ほのおのちゃれんじゃー

テレビ朝日系列の視聴者参加型バラエティー番組（1995～2000）。「100問シリーズ」では、数十人の出場者がジャンル（漢字読み書き、歴史上の人物、アニメキャラクターetc.）限定の１問１答クイズに次々に挑戦。１問不正解で即脱落、100問連続正解で100万円獲得というルールだった。また、「クイズ王（イントロクイズ王）に挑戦！１問でも正解できたら100万円」では、芸能人チームが３人のクイズ王に挑戦。10問の早押しクイズのうち１問でも正解できれば100万円獲得というルールで、クイズ王たちの容赦ない押しが話題となった。

用語 | 専門

裏取り
うらとり

クイズの問題と正解に誤りがないかチェックすること。別解のチェックなども含まれる。クイズ番組や大規

模なクイズ大会では、事実確認のために複数の出典が求められることが多い。現在はウェブサイトも広く活用されるが、個人で編集作業が可能なWikipediaは裏取り用の資料として認められないこともある。

用語 専門

裏例会
うられいかい

クイズサークル（クイズ研究会）の例会が終了した後、参加者の家に集まって行うクイズ。略称は「裏例」。大学生の部屋が主な開催場所となり、裏例会が徹クイになることもしばしば。主に関西圏で言われる。

用語 番組

ウルトラハット
うるとらはっと

『アメリカ横断ウルトラクイズ』で用いられた帽子。手元の早押しボタンを押すと、頭上のハットの「?」マークがぴょこんと立つように作られている。伝説のクイズ番組『ウルトラクイズ』を象徴するアイテムで、現在でも「早押しクイズ」を表すと

きのジェスチャーとして、頭上に腕を持っていって手首を曲げる仕草をする人もいる。

用語 専門

運命戦
うんめいせん

早押しクイズで、両者にリーチがかかり、次の1問を取った方が勝ちとなる状態。1対1形式で用いられることが多いが、複数人が参加する形式でも使用される。元々は競技かるたで使われる言葉。

大会

AQL
えーきゅーえる

2017年に発足した競技クイズの全

国的なリーグ戦。「All Japan Quiz League」の略。公式サイトの説明は「全国のクイズファンが、自らの手で作る、日本最大規模の早押しクイズの全国リーグ」。複数チームがリーグ戦で対決。ルール（10by10by10 mini）は、各チームが試合前に1〜5番までの担当（1〜2人）を決め、それぞれのポイントを掛け算して200点に達したら勝利となる。全国の各地域リーグ（2022年度は15リーグ）で上位の成績を収めたチームは、全国大会に進出する。AQL2022は一般の部134団体、ジュニアの部137団体、合計2572人が参加した（2023年2月時点）。2021年度からQuizKnockが協賛している。

大会
abc
えーびーしー

「新世代による基本問題実力No.1決定戦」をコンセプトとして、2003年から開催されている学生限定のオープン大会。多くの学生プレーヤーの目標となっており、筆記クイズの上位48人が早押しへと進む

人数絞りやネームプレートの4色などは、その後のクイズ大会に大きな影響を与えた。学生が主催し社会人が参加する「ABC（ラージ・エービーシー）」も不定期に開催されている。

大会
EQIDEN
えきでん

「abc」と同日開催される学生クイズサークル対抗の団体戦。予選・往路・復路から構成されるなど、箱根駅伝をイメージした作りになっている。なお、2007年までは5人1組の団体戦「誤」が開催されていた。

ツール
Excel
えくせる

クイズプレーヤーは、問題の管理、提出などを表計算ソフトのExcelを用いて行うことが多い。学生はクイズを通じてExcelの基本知識や、タッチタイピングなどをマスターすることもある。

エコノミクス甲子園
えこのみくすこうしえん

全国の高校生を対象とする金融・経済に関するクイズ大会。正式名称は「全国高校生金融経済クイズ選手権」。NPO法人金融知力普及協会が主催、文部科学省などが後援し、2007年から毎年開催。問題作成などの運営全般を大学生スタッフが担当する。

STU
えすてぃーゆー

クイズプレーヤー・鳥居翔平が開催している、「abc」対策の個人企画を起源とする学生向けオープン大会。「abc」フォーマットの大会ながら本家とは違った空気感もあり、カルト的な人気を博する。開催ペースの異常なまでの早さでも知られる。シリーズ大会として団体戦による「UNION」なども開催され、大会数の多さから主催者は「鳥居ホールディングス」と呼ばれている。

n択
えぬたく

⇒択一

『FNS1億2,000万人のクイズ王決定戦!』
えふえぬえすいちおくにせんまんにんのくいずおうけっていせん

フジテレビ系列の視聴者参加型クイズ特番（1990〜1994）。司会は逸見政孝、城ヶ崎祐子ら。ナレーションはデーモン閣下ら。全国で開催される筆記クイズの上位100人がフジテレビの玄関前に集合。予選順位順に挑戦して正解すると入館できる1問1答のゲートクイズ、大人数で行う早押しクイズ、5ジャンル制覇クイズなど、名物クイズが多かった。「従来のクイズの常識を破る」というコンセプトの下、それまでクイズ番組で出題されたことがないものに焦点を当てた難問奇問も多数出題され、挑戦者を大いに苦しめた。

団体 サークル
FQUIZ
えふくいず

ニフティサーブ上に開設されたクイズ・パズルファンによるコミュニティ。ニフティサーブは日本におけるパソコン通信の草分け的存在で、「フォーラム」と呼ばれる趣味の集まりが盛んだった。クイズ王の道蔦岳史や北川宣浩の尽力により1991年2月15日にオープンし、日本初のオンラインクイズサークルにあたる。パソコン通信サービスの終了後もウェブ上で活動を継続しており、オフラインでも「FQUIZ関西オープン」などのイベントを開催。1993年には会員による自費出版の書籍『クイズの饗宴』を刊行した。

用語 専門
MO
えむおー

「まとめて覚えちゃおう」の略。「アメリカの紙幣に描かれている人物」「第一次世界大戦の講和条約」など、決まった範囲の物事をまとめて暗記

することを意味する言葉で、クイズサークル「玉Q」の渡辺匠、市川尚志が使い始めて定着した。

用語 一般
遠征
えんせい

居住地域から遠く離れた場所で開催されるクイズ大会やイベントに参加すること。元々は戦争や探検で使われていたが、近年はコンサートやスポーツ観戦など多くの分野で見られる表現になった。遠方の大会参加とあわせて地域の観光などを楽しむプレーヤーは多く、愛好家によるクイズサークル「日本遠征党」は、2009年の第3回「天」で準優勝の実績を残した。一方、多くの大会は大都市圏に集中しているため、地方在住のプレーヤーにとって大会参加は常に遠征にあたり、特に学生世代には費用負担が課題となっている。

用語 専門
エンドレスチャンス
えんどれすちゃんす

早押しクイズで誤答が出た後も、正

解が出るまで他の人がボタンを押して解答できるルール。略称「エンチャン」。この方式を採用した往年のクイズ番組から「カルトQ方式」とも。1人の誤答で問題が終了してしまうシングルチャンスとは異なり、問題を有効に活用できるというメリットもある。

用語 形式
大声クイズ
おおごえくいず

早押しボタンを押す代わりに大声を発して解答権を得るクイズ形式。『アメリカ横断ウルトラクイズ』の第8回で初登場して以降、定番形式に。参加者の個性や出自を踏まえて設定される大声フレーズも見どころだった。バラエティー番組『ゴッドタン』の「ザ・大声クイズ」は、正解を目指すのではなく司会者にツッコまれた声量を競うオマージュ企画。

団体 サークル
大阪大学クイズ研究会
おおさかだいがくくいずけんきゅうかい

大阪大学のクイズサークル。愛称は

OUQS。学校対抗のオープン大会「EQIDEN」では、2度優勝している。「関西のクイズ女王」奥畑（横田）薫や、「勝抜杯の主催者」三木智隆らを輩出。5年ごとに開催される記念パーティーを「ホテルオークス」で行っていたことがある。

書籍 小説
『オー！ファーザー』
おーふぁーざー

伊坂幸太郎の小説（2010）。岡田将生主演で映画化された（2014）。『クイズ＄ミリオネア』によく似た『クイズ・マスター』というクイズ番組が重要な役割を果たすが、中島敦が晩年に暮らした国を問うなど、出題されたクイズはかなり本格的だった。

用語 専門
オープン大会
おーぷんたいかい

広く参加者を募集して開かれるクイズ大会。定義は明確ではないが、ウェブサイト「新・一心精進」で告知されたものを指すことが多い。現在では年間に200大会近く開催され、

YouTubeなどで配信される大会も増えてきている。これに対して、親しい仲間内のみで開催されるものは「クローズド大会」と呼ばれる。

番組 テレビ

『オールスター感謝祭』
おーるすたーかんしゃさい

TBS系列のクイズ特番（1991〜）。毎年春と秋の改変期に5時間以上の生放送で行われる。司会は島田紳助→今田耕司と島崎和歌子。最大200人のタレントがクイズのほか、ミニマラソンなどのコーナーに挑戦する。クイズのメインは数問ごとの「ピリオド」に分けて行われる4択クイズ。誤答すると、そのピリオドは失格。総合優勝はトータル正解数（同点の場合はタイム）によって決定する。2018年からは同日の深夜放送の『オールスター後夜祭』も人気を集めている。

番組 テレビ

『オールスター激突クイズ 当たってくだけろ！』
おーるすたーげきとつくいず
あたってくだけろ

⇒『当たってくだけろ！』

番組 テレビ

『おサイフいっぱいクイズ！ QQQのQ』
おさいふいっぱいくいず
きゅきゅきゅのきゅー

TBS系列の視聴者参加型クイズ番組（1998）。司会は上岡龍太郎と笑福亭笑瓶。平日のお昼に放送された。名物コーナーは現金つかみ取りで、1円から500円までの硬貨を両手ですくい、2人でリレーして計数機に入れるシーンが話題に。クイズプレーヤーも多く出場したが、約3カ月で放送終了。スポーツ新聞には「現金つかめても視聴率つかめず」と取り上げられた。

用語 専門

押し勝つ（押し勝ち）
おしかつ（おしかち）

早押しクイズで、複数のプレーヤーがほぼ同時に押した問題で解答権を取ること。反対語は「押し負ける」。嘘振りクイズで「奈良時代のクイズでは連戦連勝で／」ときたら、「恵美押勝（えみのおしかつ）」が答えになる。

押し込み
おしこみ

早押し機のボタンを、押してもランプがつかないぎりぎりまで沈めること。自動車のブレーキペダルで、わずかに踏んでもブレーキが利かない「遊び」に相当する。押し込みをすることで100分の1秒早く押せるという考え方がある。『アメリカ横断ウルトラクイズ』で使用されたボタンは押し込みがしやすく、長戸勇人の『クイズは創造力』で紹介されて広く知られる概念となった。近年、主流となっている「早稲田式」などは、押し込みできる部分が少ない。

押し負けラッキー
おしまけらっきー

早押しクイズで、対戦相手に押し負けた（わずかに早く押された）ものの、頭に浮かんでいた解答が正解ではなかったこと。もし解答権を取っていたら誤答となったはずなので、運が良かったと言える。

お手つき
おてつき

⇒誤答

オフラインクイズ
おふらいんくいず

インターネットを介さず対面で行うクイズ。オンラインクイズの登場に伴い生まれた、いわゆるレトロニム（新語と区別するため命名された言葉）である。押すポイントがシビアな問題群の場合はオンラインでのわずかなラグが勝敗を分けるため、オフライン開催が好まれることが多い。

用語　専門

思い出シード

おもいでしーど

クイズ大会の筆記予選で高得点を挙げ、上位者に与えられるシード権（次のラウンド免除）を獲得したものの、最初の参加ラウンドで敗退すること。

大会

女だらけのクイズ大会

おんなだらけのくいずたいかい

クイズサークル「クイズ部」が主催するオープン大会。大会名はフジテレビの番組『ドキッ！丸ごと水着 女だらけの水泳大会』に由来し、参加者は女性のみで、男性は見学が可能。1996年から毎年夏に開催され、クイズ王の能勢一幸らが司会を務める。歴代優勝者に奥畑（横田）薫、石野まゆみ、篠原かをりらがいる。

用語　専門

オンラインクイズ

おんらいんくいず

パソコンやスマートフォンを使用し、ネットワークに接続して行うクイズ。

専用のサービスとして、「長屋クイズアリーナ」や「Qox（コックス）」などが提供されている。通話アプリとしてSkypeを使う場合は「スカクイ」、Discordを使う場合は「ディスクイ」などと略されることも。

クイズの歴史ダイジェスト

クイズを単に「出された問題に答える遊び」と捉えるのであれば、それは遠い昔、ヒトが言葉を獲得してすぐに誕生していたのかもしれません。

ギリシャ神話で怪物スフィンクスが通りかかる人々に出していたという「朝は四本足、昼は二本足、夜は三本足の生き物は何?」という問題が世界最古のクイズと呼ばれることもありますし、日本でも『枕草子』など平安時代の文献にすでに**謎解き**のようなものが登場していました。これらはクイズと言うより、**なぞなぞ**に近いものですが。

では「クイズ(quiz)」という言葉はいつ生まれたのでしょうか? その起源には諸説ありますが、「あなたは誰ですか?」という意味のラテン語「quies?」を語源とする説などが有力とされているようです。

さて、ここからは場所を日本に絞ってクイズの歴史を振り返りましょう。

今につながる「クイズ」という文化が日本に入ってきたのは、戦後のラジオ番組がきっかけでした。1946年からNHKラジオで放送された『**話の泉**』や、翌年に始まった『**二十の扉**』が、日本の最初期のクイズ番組です。

アメリカの番組をモデルとしたこれらの番組を日本にもたらしたのは、GHQ(連合国軍総司令部)の部局・CIE(民間情報教育局)でした。そこには、家父長制の解体や民主化の促進といった狙いがあったと言われています。

1953年にテレビ放送が始まると、テレビでもクイズ番組が次々に誕生。その賞品・賞金は、ラジオ番組を中心に高額化していきました。1956年には最高賞金100万円の番組(日本テレビ『物識り大学』)も出現します。当時はまだクイズを低俗なものと考える人も多かったようですが、徐々に娯楽としての地位を確立していきます。

『クイズ用語辞典』年表

テレビ・ラジオなどのメディア

クイズプレーヤー文化

戦後、ラジオで日本最初期のクイズ番組がスタート

1946年 『話の泉』（～64年）
1947年 『二十の扉』（～60年）

1953年 テレビ放送開始 ◁ テレビで次々にクイズ番組が誕生

1963年 『アップダウンクイズ』（～85年）◁ 成績優秀者には賞金に加えハワイ旅行が贈られた

1964年 海外渡航自由化

1972年 「ホノルルクラブ」結成 ◁ 現存する最古のクイズサークルとされる
1975年 『パネルクイズ アタック25』（～現在）＊以下「現在」は2023年2月現在
視聴者参加型クイズ番組の代名詞
1977年 『アメリカ横断ウルトラクイズ』（～92年、98年）
1980年頃 大学のクイズ研究会が次々と発足

海外取材系

1981年 『なるほど！ザ・ワールド』（～96年）
1986年 『日立 世界ふしぎ発見！』（～現在）

> テレビでは、芸能人が解答者で、雑学的なクイズとは一線を画す番組が人気に

1983年 『全国高等学校クイズ選手権（高校生クイズ）』（～現在）
1989年 『史上最強のクイズ王決定戦』（～95年）
1990年 『FNS1億2,000万人のクイズ王決定戦！』（～94年）

1990年代 クイズプレーヤーの文化は、テレビから離れたところで独自に進化

パズル系

1990年 『マジカル頭脳パワー!!』（～99年）

> 『ウルトラ』『史上最強』『FNS』3番組の頂に立つことが、クイズプレーヤーの憧れに。しかし、90年代前半に3番組が立て続けに終了

↓

> 関東・関西それぞれで「オープン大会」が次々スタート

↓

> **クイズ文化が深まる**

教科書系

1991年 『平成教育委員会』（～97年）

> 力を蓄えたクイズプレーヤーが活躍

2000年代 オンライン対戦ゲームの登場

> 『クイズマジックアカデミー』
> 『Answer × Answer』

2000年 『クイズ＄ミリオネア』（～07年）
『タイムショック21』（～02年）
2003年 『ネプリーグ』（～現在）
2005年 『クイズ！ヘキサゴンII』（～11年）
2007年 『Qさま!!』の「プレッシャーSTUDY」がスタート（～現在）
2008年 『高校生クイズ』が「知力の甲子園」へ（～12年）
2010年 漫画『ナナマル サンバツ』連載開始（～20年）
2014年 雑誌『QUIZ JAPAN』創刊
2015年 スマートフォン用アプリ『みんなで早押しクイズ』リリース
2016年 『QuizKnock』スタート ◁ ウェブメディアでクイズの入口を広げた
『東大王』（～現在）◁ クイズ王のタレント化

ラジオやテレビがきっかけとなって広がったクイズ文化は多様化
クイズへの入口は増え、クイズプレーヤーの活躍の場は広がっている

1963年には『**アップダウンクイズ**』がスタート。翌年から海外渡航が自由化されたこともあり、成績優秀者には賞金のほかにハワイ旅行が贈られました。この番組でハワイへ行った人たちが中心となって1972年に結成した「**ホノルルクラブ**」は、現存する最古の**クイズサークル**とされています。

そして、一獲千金を夢見て数々の番組に挑戦する視聴者の中から「クイズあらし」と呼ばれる人たちが頭角を現します。今で言う「**クイズ王**」の源流ですね。

1975年には『**パネルクイズ アタック25**』が放送開始。2021年秋に一旦終了しましたが、半年後に放送局をBS Japanextに移して復活。日曜日のお昼に放送され、昭和から令和まで続く長寿番組は、視聴者参加型クイズ番組的存在となりました。

また、1977年には『**アメリカ横断ウルトラクイズ**』が誕生。圧倒的なスケールの大きさで人気を集め、1992年まで毎年秋に放送されました（その後、1998年に一度だけ復活）。終了から四半世紀が過ぎ、番組の存在自体を知らない人も増えてきましたが、この番組のテーマ曲、SE、クイズ形式などは今でも随所で使われており、知らずに触れている人も多いかもしれません。

1981年には早稲田大学、1982年には東京大学、慶應義塾大学、立命館大学と、雨後の筍のように数々の大学で**クイズ研究会**が発足。当初はイベントサークル的な団体も多かったようですが、徐々にクイズ番組を「研究」するようになり、『ウルトラクイズ』の予選が行われた後楽園球場や東京ドームでは、各大学の幟や法被が会場に花を添えました。

1983年には『ウルトラクイズ』の弟分とも言われる『**全国高等学校クイズ選手権（高校生クイズ）**』が誕生。3人1組での参加が特徴（2人1組の時代も）のこの番組は、「世界一参加人数の多い"game show"」としてギネス世界記録に認定されたことも。2000年代後半からは数年周期でコンセプトを大きく変えながら、現在も続いています。

1989年には『**史上最強のクイズ王決定戦**』、翌年には『**FNS1億2,000万人のクイズ王決定戦!**』がスタート。この2番組は90年代前半にクイズ王番組の双璧と言える存在となり、ハイレベルな問題に次々と正解していくクイズプレーヤーが大きな注目を集めました。

　『ウルトラ』『史上最強』『FNS』が並び立ったのはほんの数年ですが、この3番組の頂に立つことが多くのクイズプレーヤーの憧れでした。全てを制覇すれば「三冠王」や「グランドスラム」といった称号が贈られた（または自称した）と思われますが、三冠どころか二冠の達成者さえ現れなかったことからも、群雄割拠の時代だったことがわかります。

　残念ながら、華やかな時代は長続きせず、1992年に『ウルトラ』、94年に『FNS』、95年に『史上最強』が次々に終了。一時的な大型クイズ番組ブームが去りました。

　一方で、80～90年代に人気を集めたのは、海外取材系の『**なるほど!ザ・ワールド**』や『**日立 世界ふしぎ発見!**』、パズル系の『**マジカル頭脳パワー!!**』、教科書系の『**平成教育委員会**』のように、雑学的なクイズとは一線を画し、どれも芸能人が解答者となる番組でした。

　しかし、クイズプレーヤーたちが檜舞台に立てる場がなくなったわけではありません。1990年代には関東・関西それぞれで大学のサークルや個人が主催者となる「**オープン大会**」が次々にスタート。テレビから離れた場所で独自の進化を遂げていくことになり、「テレビ出演」や「一獲千金」を目標とせず、純粋にクイズを極めたいというプレーヤーも目立ち始めました。

　最多で800人以上の参加者を集めた日本最大級の学生クイズ大会「**abc**」から、数十人規模の小さな大会まで、オープン大会はより細分化して多彩に。現在は土日祝日にはどこかで必ず何らかのオープン大会が開かれていると言っても過言ではないでしょう。

さて、話をクイズ番組に戻すと、2000年に視聴者参加型の『**クイズ$ミリオネア**』と『**タイムショック**21』がスタート。どちらも最高1000万円という高額賞金が売り物でもあり、テレビから離れた場所で力を蓄えてきた猛者たちの努力が報われる場にもなりました。ただ、視聴率が振るわなかったこともあり、これらの番組は「視聴者参加型」としては長続きせず、徐々に「芸能人出演型」へと舵を切っていくことになります。

そんな中、2002年には『**クイズ!ヘキサゴン**』が放送開始。2005年に『**クイズ!ヘキサゴンⅡ**』に移行した後は、いわゆる"おバカ"タレントが注目を集めるようになりました。

また、2003年には5人1組で挑戦する『**ネプリーグ**』、2007年には『**クイズプレゼンバラエティー Qさま!!**』の「プレッシャーSTUDY」が始まり、両番組は現在も続いています。

もはや一般視聴者参加型のクイズ番組は成立しないのか?とも思われましたが、2008年にエポックメイキングな出来事がありました。老舗番組『高校生クイズ』が突然「知力の甲子園」に路線を変更したのです。そこでは、無名ながら圧倒的な頭脳と知識量を誇る高校生たちが、数々の難問に苦もなく答えていく姿が話題となりました。

この「知力の甲子園」は5年間で幕を閉じましたが、『**THEクイズ神**』のように広く門戸を開いた視聴者参加型のクイズ王番組も誕生。2011年には『**頭脳王**』がスタートし、2015年に始まった『Qさま!!』の「螺旋階段」形式にも一般人のクイズ王が出場しました。

そして、テレビ業界における東大生ブームに乗り、2016年に『**東大王**』がスタート。元々素人だったクイズ王のタレント化や、新たなクイズ王の育成に成功し、わかりやすいブランドを身にまとったクイズ王集団は、メンバーを入れ替えながら活躍を続けています。

ここまで、テレビに焦点を当てるかたちでクイズの歴史を追ってきましたが、最後に他のフィールドについても触れておきます。

2000年代にはアーケードゲーム『**クイズマジックアカデミー**』と『**Answer×Answer**』がスタートし、ゲームセンターで他のプレーヤーとオンライン対戦することが可能に。2015年にリリースされたスマートフォン向けアプリ『**みんなで早押しクイズ（みんはや）**』も大人気です。

　2010年代に連載された漫画『**ナナマル サンバツ**』は単行本20巻まで続き、アニメ化や舞台化も実現。2014年に創刊された雑誌『**QUIZ JAPAN**』は、不定期刊行ながら徐々に厚みを増し、「vol.15」に到達しました。

　2016年にはウェブメディア「**QuizKnock**」がスタート。ウェブ上で公開されているクイズやYouTubeの硬軟織り交ぜた動画は、クイズの入口を大きく広げて多くのファンを獲得しました。2023年にはYouTubeのチャンネル登録者数が200万人を突破し、クイズの世界にとどまらない人気コンテンツに成長しています。

　また、かつては入手経路が限られていたクイズの問題集や早押し機が、誰でも簡単に購入できるようになったことも、クイズの裾野を広げることに寄与したと言えるでしょう。そして、まだ局地的ではありますが、クイズが楽しめるスペースやバーも誕生しており、クイズをやりたいときに気軽に足を運べる場が、今後さらに増えていくと思われます。

　今や誰もが簡単にクイズに触れることができ、解答者だけでなく企画者・出題者としても楽しめる時代になりました。クイズの進化はとどまることを知らず、さらなる発展が期待されますが、未来に目を向けると最も注目されるのがAIとの関わり方でしょうか。

　AIはいかなる問題群においてもクイズ王を凌駕できるのか。プロのクイズ作家と同じ品質の問題を揃えることができるのか。クイズの世界におけるシンギュラリティはいつか訪れるのか。興味は尽きることがありません。（田中健一）

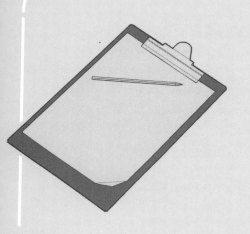

「か」行

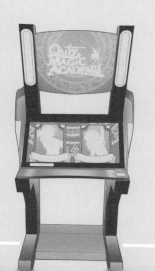

書籍　その他

『かいけつゾロリ』
かいけつぞろり

原ゆたかの児童書。56巻『かいけつゾロリのクイズ王』では、ゾロリたちが優勝すれば億万長者となるクイズ番組に出場した。『かいけつゾロリのわくわくクイズ200本ノック！』などのクイズ本も出版されている。

団体　その他

開成高校
かいせいこうこう

東京都荒川区にある中高一貫校。『高校生クイズ』唯一の3連覇、史上最多の4度の優勝（2022年現在）を果たすなど、クイズの強豪として知られる。1982年から東京大学合格者数トップを誇り、『東大王』の伊沢拓司、水上颯、後藤弘らを輩出した。

用語　一般

書き出し
かきだし

文章の冒頭。有名な小説の書き出し（「どっどど…」「石炭をば…」「幸福な家庭…」

など）は早押しクイズにおいて頻出であり、読んだことがない作品でも書き出しだけは押さえているプレーヤーが多い。

用語　専門

学生系
がくせいけい

テレビ番組には出題されないような難問が、主に長文形式で問われるクイズ。大型クイズ王番組が終了した1990年代中盤以降、大学サークルなどで、アカデミックな題材を筆頭に、それまでクイズで取り上げられなかった範疇の問題が出題されるように。同時に、知識に基づく差別化を目的に、問題文に多くの情報量を盛り込む長文化も進んだ。前振りには既存の問題にない新しい情報を入れるようこだわる出題者もおり、日常生活で出会うのは困難な知識が問われることも多い。

用語　専門

確定
かくてい

早押しクイズの問題文で、答えが1

つに決まる部分。「ポイント」「確定ポイント」とほぼ同義。

影山 優佳
かげやま ゆうか

「日向坂46」出身（2023年卒業）のアイドル（2001～）。筑波大学附属高校のクイズ研究会出身で、『東大王』をはじめ多くのクイズ番組で活躍。サッカー通としても知られ、2022年のサッカーW杯カタール大会では、アルゼンチンの優勝や日本のスコアなど数々の予想を的中させた。資格好きの一面もあり、世界遺産検定、不動産知識検定、薬学検定、略語検定などに合格。2023年には高IQ集団「JAPAN MENSA」の会員となった。

歌詞棒読みクイズ
かしぼうよみくいず

淡々と読み上げられた歌詞を聞き、曲名を答える早押しクイズ。「歌詞朗読クイズ」とも呼ばれるが、棒読み・朗読の度合いには個人差がある。

カズレーザー
かずれーざー

お笑いコンビ「メイプル超合金」のメンバー（1984～）。2016年に『Qさま!!』で初出場初優勝を果たして以来、豊富な読書量などに基づく博識を生かしてクイズ番組で大活躍。芸能人が集まる「クイズ勉強会」を開き、えなりかずき、三浦奈保子、阿部亮平（Snow Man）、山崎怜奈らが参加。オンラインサロン「カズレーザーとクイズ天国・難問地獄（仮）」も立ち上げた。2020年には初の著書『カズレーザーが解けなかったクイズ200問』を刊行。

用語　　専門

勝ち抜け
かちぬけ

クイズに勝利して、続行中の戦いから抜けること。失格者が出たことによる「飛び残り」の場合も「勝ち抜け」とみなされるが、通常は自らの正解で勝利を決めることを指す。タイムレース形式などでは「勝ち抜け」は発生しない。オープン大会「勝抜杯」は、全ての形式を勝ち抜け形式にすることを意識して命名された。

大会

勝抜杯
かちぬけはい

1999年に第1回大会が行われたオープン大会。毎年4、5月の大型連休の時期に開催される。筆記クイズで上位100人が予選を通過。本戦の早押しクイズで100人→40人→16人→8人→3人と絞り、決勝で優勝者を決める。200人以上が1会場に集まる大規模な大会で、主催はスポーツ記者の三木智隆。最多優勝記録は加藤禎久と田中健一の3回。

用語　　専門

ガツオ風
がつおふう

問題文の前振り部分だけを抜き出したようなクイズ。頻出の前振りを効率的に覚えるのに有効である。例えば「タンザニアの中学生が発見したのって何？」といった問題を指す（正解は「ムペンバ効果」。特定の状況下では高温の水が低温の水より短時間で凍ることがあるという事象のこと）。2019年にはガツオ風クイズのみを出題する「ガツオオープン」が開催された。

団体　　サークル

QUAPS
かっぷす

名古屋を拠点とするクイズサークル。1995年に設立されて以降、「実力主義」「問題主義」を掲げ、主に難問系の持ち回り企画を行ってきた。加藤禎久、安藤正信、石川貞雄、五島大裕ら中部地方の有力プレーヤーを多数輩出している。

カプリティオ
かぷりてぃお

2014年にクイズプレーヤーの古川洋平が設立したクイズ作家集団。正式名は「クイズ法人カプリティオ」。2019年にはYouTubeに「カプリティオチャンネル」を開設した。

用語 専門

紙
かみ

大会や例会の冒頭で行われることが多い筆記クイズのこと。筆記クイズを通過することを「紙抜け」、敗退することを「紙落ち」という。若い世代から使用が始まった、比較的新しい言葉。

用語 形式

上座（争奪）クイズ
かみざ（そうだつ）くいず

解答者が順番に並び、正解すると上位に、誤答すると下位に移動する形式。限定問題数終了時に上位にいた人が勝ちとなる、最上位席での正解は即勝ち抜けとなるなど、さまざまなバリエーションが存在する。『なるほど！ザ・ワールド』や『Ｑさま!!』の「螺旋階段」もこの形式。

用語 専門

空押し
からおし

早押しクイズにおいて、ボタンについていない状態で、答えがわかったときに指や手を動かす行為。「他の人の注意力を削ぐ」「悪用して押すタイミングを教えられる」などの理由から、オープン大会では禁止されることが多い。

人物　芸能人

唐沢 寿明
からさわ としあき

俳優（1963～）。人気ドラマ『古畑任三郎』シリーズの「VSクイズ王」で、クイズ王の千堂謙吉を演じた。その後、2011年の大型特番『ワールド・クイズ・クラシック』では、クイズ番組初司会を務め、後継番組の『THEクイズ神』でも司会をこなした。

番組　テレビ

『カルトQ』
かるときゅー

フジテレビ系列のクイズ番組（1991～1993）。司会はうじきつよし、中村江里子。毎回1つのテーマを決めマニアックなクイズを出題。予選を勝ち抜いた5人が早押しクイズで対決した。出場者はほとんど一般人だったが、「競馬」では後に政治家となった柿沢未途、「YMO」では砂原良徳（元・電気グルーヴ）が優勝し、「プロレス」にはお笑い芸人の南原清隆が出場した。

用語　専門

カルト大会
かるとたいかい

⇒ジャンル限定大会

人物　YouTuber

河村 拓哉
かわむら たくや

QuizKnockメンバー（1993～）。ライターとしては「河村・拓哉」という表記を用いている。ウェブメディア「QuizKnock」の発足時から参加しており、エア彼女とのやりとりを綴った問題作「オタクは水族館デートに行くな」や「パインアメと青春をワインに漬ける」などの切れ味鋭い記事が好評を博す。2022年、作家の篠原かをりと結婚した。近年では書評や小説家との対談、短編小説の執筆など文芸関係の活動も活発。

その他

漢検1級
かんけんいっきゅう

クイズ王たちが取得することの多い資格。女優の宮崎美子、村井美樹、

クイズ作家の田中健一、日髙大介、QuizKnockメンバーの山本祥彰、芸人のきくりん、ゲームクリエイターの後藤裕之らが取得している。

団体　サークル

関西クイズ愛好会
かんさいくいずあいこうかい

1982年創設の老舗クイズサークル。現在も月1回例会を行い、紙の会報を発行し続けている。過去には長戸勇人、永田喜彰らのクイズ王がしのぎを削った。20年以上会長を務める北畑治は、第1回、第3回『アメリカ横断ウルトラクイズ』でハワイまで進出し、いずれも対決クイズで優勝者に敗れたプレーヤー。クイズ番組でも活躍した松尾清三、大西肇、青木紀美江、山内（今尾）奈緒子、三木智隆、為季正幸らのほか、早押し機製造で知られる荒屋製作所の荒屋泰樹も所属。

団体　その他

関東クイズ連合
かんとうくいずれんごう

関東各地の中学・高校のクイズ研究会による組織。一般には英訳したものをさらに略したKQAと呼ばれている。各校が持ち回りで担当する「KQA例会」と加盟校有志による「KQA杯」の開催が主な業務であり、開成中高主催の「開成例会」は参加人数が300名を超えることもある人気イベント。各地域に中部学生クイズ連盟（CJQL）、関西クイズ連盟（QuarK）など、同趣旨の組織がある。

用語　一般

カンニング
かんにんぐ

不正な手段で答えを知り、解答すること。クイズ大会でも御法度だが、筆記予選での覗き見などがまれに摘発されることもある。検索が容易なオンラインクイズでは対策が困難で、性善説に基づく運用がなされることが多い。

用語　一般

企画
きかく

クイズサークルの例会などで出題・進行を担当すること。「企画を打つ」

などと表現される。多彩な形式を用意するバラエティー色の強い企画もあれば、数百問のクイズで争うガチ企画も存在する。

用語　専門

「聞こえませんでした」
きこえませんでした

早押しクイズで、正誤判定者が解答を聞き取れなかったとき、もう一度まったく同じ解答を言ってもらうために用いるフレーズ。解答が惜しいときに少し変えて言い直してもらうための「もう一回」とは区別される。

その他

気象予報士
きしょうよほうし

芸能人クイズ王がよく取得する資格。石原良純、矢部太郎、三浦奈保子、阿部亮平（Snow Man）らが取得。合格率は5％前後の難関。地理や科学の深い知識が必要で、クイズと親和性が高いとされる。

人物　プレーヤー

北川 宣浩
きたがわ のぶひろ

クイズ王（1954〜）。第2回『アメリカ横断ウルトラクイズ』ほか数々のクイズ番組で優勝。著書に『TVクイズ大研究』などがある。鉄道ファンとしても知られ、1984年に国鉄全線完乗を達成した。

用語　専門

基本問題
きほんもんだい

クイズ問題のカテゴリのひとつ。オープン大会「abc」は「基本問題No.1決定戦」というコンセプトを掲げており、「日常生活に根差した知識や、学校・職場で学べることをもとに正解できるような」問題と定義している。以前は「ベタ問題」と同じような意味合いで使われることが多かったが、最近ではクイズ界での浸透度にとらわれず、実社会での知名度に即した難易度設定の尺度として用いられることが多い。

『君のクイズ』
きみのくいず

クイズをテーマにした小川 哲の小説（2022）。クイズプレーヤーの主人公・三島玲央が作品中のクイズ番組『Q-1グランプリ』決勝戦で対戦相手が見せた不可解な解答に疑念を抱き、謎を解き明かしていく。著者の小川は『ゲームの王国』で日本SF大賞、山本周五郎賞、『地図と拳』で直木賞を受賞した。

『Qさま!!』
きゅーさま

テレビ朝日系列のクイズ番組（2004〜）。正式名称は『クイズプレゼンバラエティーQさま!!』。司会はさまぁ〜ず、優香、高山一実。放送開始当時は芸人が体を張ったクイズを考えてプレゼンする番組だったが、2007年の「プレッシャーSTUDY」から本格的なクイズ番組に。2015年に始まった「螺旋階段」では、主に早押し形式の上座クイズが行われ、多彩な出題形式、映像や画像を使った難易度の高い問題が人気を集めている。

『99人の壁』
きゅうじゅうきゅうにんのかべ

フジテレビ系列のクイズ番組（2017〜）。正式名称は『超逆境クイズバトル!! 99人の壁』。司会は佐藤二朗。2018年秋に特番からレギュラーに昇格したが、2021年秋から再び特番。100人の参加者のうち1人が「チャレンジャー」となり、自分の得意ジャンルのクイズに挑戦。1問目は25人、2問目は50人、3問目は75人、4・5問目は99人の「ブロッカー」と対決し、5問正解で「GRAND SLAM」達成（100万円獲得）。のちに特定のテーマのスペシャルが中心となり、ルールも変更。「GRAND

SLAM」達成者は多数いるが、中でもジャンル「ガトーショコラ」におけるToshl（X JAPAN）の達成は大きな話題となった。

団体	その他

Q星群
きゅーせいぐん

2020年設立のクイズ制作集団。代表を務めるのはクイズ番組『東大王』などで活躍した林輝幸。

用語	専門

QPQ
きゅーぴーきゅー

「クイズプレーヤークイズ」の略。プレーヤーやクイズ界に関することが出題される。

用語	専門

競技クイズ
きょうぎくいず

クイズをスポーツのような競技として捉えた概念。一般に早押しクイズとして行われることが多い。プレーヤーは幅広い知識をベースに、反射神経や判断力など、さまざまな能力

を駆使して戦う。2021年に大幅に加筆されたWikipediaの「競技クイズ」の項目は、完成度の高さが話題となった。

団体	サークル

京都大学クイズ研究会
きょうとだいがくくいずけんきゅうかい

京都大学のクイズサークル。愛称はMutius（ムティアス）。テレビ番組の『頭脳王』では井上良、木戸直人が優勝、廣海渉、中村栄斗が準優勝。「abc」では隅田好史が2度制し、廣海渉、吉原主税、鈴木幸多朗も優勝、「EQIDEN」でも4度優勝している強豪。かつては、アメリカンフットボール部の愛称にちなんだ「ギャグスターズ」という名前だった。

用語	形式

近似値クイズ
きんじちくいず

数が答えになる問題に対して、より近い数を答えた人を上位とするクイズ。オープン大会では、予選の筆記クイズが同点だった場合に、この形式で順位を決めることが多い。解答

が最も遠いプレーヤーが1人ずつ脱落する「サバイバル近似値」や、正解との差を合計していく「パーセントバルーン」(『ネプリーグ』)など、さまざまなバリエーションがある。

用語　　専門

金竜読み
きんりゅうよみ

早押しクイズの問い読みの技法。「abc」などの大会でスタッフを務めた一橋大学クイズ研究会OBの畑(金谷)竜太郎が提唱。解答者に正解してもらうことに重きを置いており、競技クイズにおける問い読みの在り方に一石を投じた。

番組　　テレビ

『クイズ赤恥青恥』
くいずあかっぱじあおっぱじ

テレビ東京系列のクイズ番組(1995～2003)。司会は古舘伊知郎。街頭で一般人にクイズを出題し、パネラーの芸能人が正解者を予想する。「赤恥」は知っていて当然と思われる問題、「青恥」は知らなくても仕方ない問題のこと。

番組　　テレビ

『クイズ!当たって25%』
くいずあたってにじゅうごぱーせんと

TBS系列のクイズ番組(1991～1992)。司会は島田紳助、島崎和歌子。出場者は解答席の「キーパッド」で4択クイズに解答。レギュラー番組としては半年で終了したが、解答席のシステムは特番『オールスター感謝祭』に受け継がれ、現在も活用されている。

番組　　テレビ

『クイズ!あなたは小学5年生より賢いの?』
くいずあなたはしょうがくごねんせいよりかしこいの

日本テレビ系列のクイズ番組(2011～)。3度の特番を経て、2019年からレギュラー。司会は劇団ひとり、佐藤隆太。アメリカ生まれの番組『Are You Smarter than a 5th Grader?』の日本版で、小学校で習うことに基づくクイズ11問に全問正解すると賞金を獲得。スタジオには助っ人の小学生がいて、指名カンニング、ルーレット、全員オープ

ンという救済措置が使える。芸能人では阿部亮平（Snow Man）、鈴木保奈美、柴田理恵らが300万円を獲得。特番では松丸亮吾、ふくらPが1000万円を獲得している。

クイズ王
くいずおう

主にクイズ番組において、顕著な成績を残した者に贈られる称号。『アメリカ横断ウルトラクイズ』において優勝者が決定したときに用いられ、後の番組でも「クイズ王決定戦」という言葉が多く使われた。言葉のニュアンスについて、伊沢拓司は著書『クイズ思考の解体』で「石油王に近い」と表現している。学校内や会社内では、「クイズが好き」「クイズ番組に出た」というだけで、「○○のクイズ王」と呼ばれたりする。

『クイズ王最強決定戦 ～THE OPEN～』
くいずおうさいきょうけっていせんじぉーぷん

CSのフジテレビ721（現・フジテレビ TWO）のクイズ特番（2005～2007）。司会は福井謙二。出場者は招待選手で（第3回から予選枠あり）、早押しクイズ、ボードクイズともに、番組側では問題を一切用意せず、出場者が作成した問題を出題し合う形式。ボードクイズでは、問題が難しくなりすぎないようにするため、全員不正解の場合は出題者以外にポイントが与えられるルールだった。5回放送され、第1回から田中健一が4連覇。第5回は予選から出場した安藤正信が優勝した。

『クイズ面白ゼミナール』
くいずおもしろぜみなーる

NHKのクイズ番組（1981～1988）。司会（主任教授）は鈴木健二。大学のゼミという設定で、各界の著名人が3人1組のチームでクイズに挑戦。教科書クイズ、歴史クイズ、特定のテーマを掘り下げたゼミナールクイズなどが出題された。台本には「教授・詳しく説明…」としか書かれておらず、鈴木は自分で多くの知識を仕入れ、それを暗記して台本を持た

ずに進行していた。最高視聴率42.2%は日本のクイズ番組史上最高記録（1977年9月26日以降、ビデオリサーチ調べ。関東地区、番組平均世帯視聴率）。

用語　専門

クイズ界
くいずかい

クイズを愛好する人によるコミュニティの呼称。クイズサークルに入っている人や、オープン大会の参加者の総称として使われることが多い。「クイズ界の住人」という言葉で表現することもある。

番組　テレビ

『クイズグランプリ』
くいずぐらんぷり

フジテレビ系列のクイズ番組（1970～1980）。月曜日から土（後に金）曜日まで、毎日15分番組として放送された。司会は小泉博。解答者は5人で、「スポーツ」「芸能・音楽」「文学・歴史」「社会」「科学」「スペシャル」のジャンルの10点～50点の問題を用意。正解者が「スポーツの10」のように、次の問題を選ぶ。

各曜日のチャンピオンが土（後に金）曜日のチャンピオン大会に出場、優勝するとヨーロッパ旅行が獲得できた。問題集が「第5集」まで発売され、古書は高値で取引された。

用語　一般

クイズ研究会（サークル）
くいずけんきゅうかい（さーくる）

クイズをプレーすることを目的とした集まり。略称は「クイ（ズ）研」。近年、全国の中学・高校で激増している。「クイズ研究会」という呼び名は、1980年代にテレビクイズの出題傾向などを「研究」したことに加え、文化系の部活動に多かった「～研究会」という名称に倣ったとされる。近年は「クイズ同好会」「クイズ部」に加え、「クイズスタディ部」などの呼称を用いる学校も。

団体　サークル

クイズサークル椿
くいずさーくるつばき

山口尚希が発起人となり「関西で最もレベルが高いサークル」を目指し、2014年に立ち上げられたサークル。

第1回の会場となった区民センターの部屋から名付けられた。「abc」の優勝者・廣海 渉、同大会の大会長を3年間務めた萬谷 祥輝ら多士済々のメンバーが所属。団体戦の大会に強く「AQL2020」「AQL2021」で連覇。2019年に「天8」で優勝し、2022年に「天9」を主催した。

用語　一般
クイズ作家
くいずさっか

テレビやゲームなどで使用されるクイズを作る作家。パズルを作るパズル作家とは異なるが、両者を兼ねている人も多い。かつては珍しい職業として注目されることも多かったが、最近は急速に数を増やしており、すっかり周知の職業になった。

番組　テレビ
『クイズサバイバー』
くいずさばいばー

テレビ朝日系列のクイズ特番（2014〜2018）。くりぃむしちゅー率いる「芸能人チーム」と林修率いる「知識人チーム」がさまざまなクイズで対決。

2014年に7時間半の年越し特番としてスタートし、4年連続で大晦日〜元日に放送された。タイトルは少しずつ変化し、2017年からは『超クイズサバイバー』となって「知識人チーム」に代わり「クイズ王チーム」が参戦した。

書籍　クイズ本
『クイズ思考の解体』
くいずしこうのかいたい

クイズ王・伊沢拓司の著書（2021）。「マジックからロジックへ」をテーマに、手品のような早押しクイズの技術を論理的に解き明かした。480ページ、定価4950円という大作で、多忙なスケジュールのなか、2年半の執筆期間を経て上梓された。

書籍　雑誌
『QUIZ JAPAN』
くいずじゃぱん

2014年に創刊された不定期刊行の雑誌。「古今東西のクイズを網羅するクイズカルチャーマガジン」を標榜している。関係者への取材を通じ、主にテレビクイズの歴史や舞台裏を

詳細に描いてきた。編集長は株式会社セブンデイズウォーの大門弘樹。2022年時点でvol.15まで出版されている。クイズ好きとして知られるアイドルの高山一実や、阿部亮平（Snow Man）が早押しボタンに触れている表紙は、クイズ関係者に衝撃を与えた。

映画

『クイズ・ショウ』
くいずしょう

1994年公開のロバート・レッドフォード監督の映画。1950年代にアメリカのクイズ番組『21（トゥエンティワン）』で実際に起きたスキャンダルがもとになっている。

番組　テレビ

『クイズ！スピードキング！』
くいずすぴーどきんぐ

テレビ朝日系列のクイズ番組（2011〜2012）。司会は大熊英司。4人のタレントがさまざまなクイズに挑戦し、「持ち時間」を獲得。最後に「持ち時間」分だけスピードキング（ク

イズ王）と早押しクイズで対決し、3問正解すれば賞金が獲得できる。スピードキングは田中健一と日髙大介がほぼ交互に務め、黒いマントをまとったヒール役としてタレントの前に立ちはだかった。

番組　テレビ

『クイズ☆正解は一年後』
くいずせいかいはいちねんご

TBS系列のクイズ特番（2013〜）。司会は田村淳、枡田絵理奈。1月の収録で「今年起きること」を予想するクイズ（今年結婚／離婚する芸能人は？など）を出題し、芸能人のパネラーが解答。12月の放送で答え合わせをする。2019年は出演者の不測の事態で収録時のスタジオ映像が一切使えず、静止画を用いながらの放送となった。

番組　テレビ

『クイズ世界はSHOW by ショーバイ!!』
くいずせかいはしょーばいしょーばい

日本テレビ系列のクイズ番組（1988

～1996）。司会は逸見政孝→渡辺正行→福澤朗→久本雅美。さまざまな商売に関するクイズが出題され、正解するとモニター上の「ミリオンスロット」に表示された「ショーバイマネー」（5萬～50萬）を獲得。「横取り40萬」が出ると、他の解答者のマネーを横取りできた。解答者としてプロレスラーのジャイアント馬場がたびたび出演し、珍解答で笑いを誘った。

番組　テレビ

『クイズダービー』
くいずだーびー

TBS系列のクイズ番組（1976～1992）。司会は大橋巨泉→徳光和夫。5人の芸能人解答者が8問（うち3問は3択）のクイズに挑戦。問題ごとに各解答者の倍率が発表され、3組の挑戦者（視聴者2人組）は正解しそうな解答者を予想して持ち点を賭け、得点を増やしていくというルール。クイズは雑学系が中心で、知識よりも発想力が必要とされた。解答者では3枠のはらたいらが圧倒的な正解率を誇り、「はらたいらさんに

3000点」が流行語に。4枠の竹下景子は「三択の女王」として活躍。1枠は篠沢秀夫や北野大、2枠は宮崎美子や井森美幸がレギュラーで、5枠はゲスト枠だった。

番組　テレビ

『クイズタイムショック』
くいずたいむしょっく

⇒『タイムショック』

書籍　販売

クイズ宅配便
くいずたくはいびん

全国のクイズサークルや個人が作成したクイズ問題集を委託販売するサイト。略称は「Q宅」。北海道札幌市からの発送だが、注文してすぐに届くことで、クイズ関係者からの評価が高い。「BOOTH」が主に電子書籍を対象としているのに対し、「Q宅」は電子とともに紙の書籍も多数取り扱っている。運営者の藤井麗美は『アタック25』や『ホールドオン!』に出場経験がある。

『クイズ！年の差なんて』
くいずとしのさなんて

フジテレビ系列のクイズ番組（1988〜1994）。司会は桂三枝（現・桂文枝）と山田邦子。芸能人がアダルトチームとヤングチームの2チームに分かれ、ジェネレーションギャップが楽しめるクイズに解答する。問題ごとに書くと減点される「NGワード」が導入された。

『クイズドレミファドン！』
くいずどれみふぁどん

フジテレビ系列の音楽系クイズ番組（1976〜）。1988年まではレギュラー、それ以降は特番に。司会は高島忠夫→中山秀征。解答者は2〜3名のチームで、音楽に関するさまざまなクイズに挑戦。いわゆる「イントロクイズ」の元祖で、難易度の高いウルトライントロ、超ウルトライントロも人気を集める。元々「飛び出したら勝ち」だったゲーム「黒ひげ危機一発」のルールが逆になったのは、

この番組がきっかけ。

『クイズ日本人の質問』
くいずにっぽんじんのしつもん

NHKのクイズ番組（1993〜2003）。司会は古舘伊知郎。視聴者から寄せられた素朴な疑問に対して4人の「もの知り博士」（高橋英樹、大桃美代子、矢崎滋、桂文珍ほか）がもっともらしく答え、2人1組の解答者が正しいと思う「博士」を選ぶ。視聴者からのはがきは42万通を超えたという。

『クイズ！脳ベルSHOW』
くいずのうべるしょー

BSフジのクイズ番組（2015〜）。司会は岡田圭右。クイズは「ひらめき・記憶・瞬発力・発想」の4ジャンルから出題される。解答者となるのは40代〜90代のベテラン芸能人・文化人、元スポーツ選手らで、自由奔放すぎる言動で盛り上がることもしばしば。

番組　テレビ

『クイズのおっさん』
くいずのおっさん

フジテレビ系列の番組『世にも奇妙な物語』の1話として放送されたドラマ（2016）。会社員の男（高橋一生）がクイズ番組（司会：福澤朗）で優勝。副賞として「クイズ1年分」をもらったため、事あるごとにクイズを出題する「クイズのおっさん」（松重豊）に追いかけ回される話。

団体　その他

QuizKnock
くいずのっく

クイズプレーヤー・伊沢拓司を中心として2016年に設立された東大発の知識集団。ウェブメディアやYouTubeチャンネルを持ち、チャンネル登録者数は約200万人にのぼ

る。所属するメンバーは『Qさま!!』『ネプリーグ』などのクイズ番組にもたびたび出演している。

ゲーム

『QuizKnock STADIUM』
くいずのっくすたじあむ

2022年3月に稼働開始したKONAMIのアーケードゲーム。略称は「ノクスタ」。オンラインでつながった全国のプレーヤーと、さまざまなクイズ形式で対戦できる。最新の音声合成技術を用い、QuizKnockの伊沢拓司CEOの音声で問題が読み上げられる。筐体には円形の早押しボタンが1つついており、2015年に終了したセガのゲーム『Answer×Answer』を想起させる。

その他

クイズの日
くいずのひ

9月12日とされている記念日。語呂合わせが「クイズ」となることから、株式会社キュービックが日本記念日協会に申請し、2021年に認定

された。他に、一休さんに由来する1月9日も「とんちの日（クイズの日）」とされている。

施設

クイズバー スアール
くいずばーすあーる

⇒スアール

書籍 クイズ本

『クイズは創造力』
くいずはそうぞうりょく

第13回『アメリカ横断ウルトラクイズ』優勝者・長戸勇人の著書（1990～1991）。「理論篇」「問題集篇」「応用篇」の3部作からなる。「理論篇」では早押しクイズを理論的に解説し、「なぜ早く押せるのか」をわかりやすく説いた。『ウルトラクイズ』史上最高レベルとされるクイズが展開された第13回放送後にこのシリーズと出会い、クイズにのめり込んだ人は多かった。4作目「RPG篇」の刊行も予定されていた。

ウェブサイト

QUIZ BANG
くいずばん

株式会社キュービックが運営するクイズ専門情報サイト。「十種競技」「〇〇通」など多数のクイズのほか、メディア情報、イベント、クイズ場、よみもの、クイズの遊び方などが掲載されている。

番組 テレビ

『クイズ100人に聞きました』
くいずひゃくにんにききました

TBS系列の視聴者参加型クイズ番組（1979～1992）。司会は関口宏。1チーム5人で参加。「サラリーマン100人に聞きました。仕事をサボる場所といえば？」といったアンケートの答えを当てる形式で、観客が

「ある!ある!ある!」というコール
で盛り上げた。優勝チームは「トラ
ベルチャンス」に挑戦し、成績によ
ってハワイ旅行の人数が決まった。

団体　サークル
クイズ部
くいずぶ

東京を拠点とするクイズサークル。
1990年、長戸勇人、仲野隆也らが
結成。『アメリカ横断ウルトラクイズ』
で活躍した人が多く名を連ね、メン
バーの変遷を経て現在も活動中。毎
年「女だらけのクイズ大会」を開催
していることでも知られる。

大会
クイズフェスティバル
くいずふぇすてぃばる

クイズサークル「グランドスラム」
の有志が主催するオープン大会(1992
〜)。元々は山本信一が個人で立ち
上げたイベントだった。複数の予選
ラウンド、敗者復活戦、決勝戦をそ
れぞれ別の企画者が担当し、参加者
全員が多数のクイズに挑戦できる。
優勝者に授与される「長年洗濯して

いないタスキ」が名物。ちなみに、
早稲田大学クイズ研究会が早稲田祭
で開催するイベントも同じ名称。

用語　専門
クイズフリー音源
くいずふりーおんげん

クイズ作曲家のike さん(池田宜
史)が制作・公開しているクイズ大
会用の音源。クイズサークルの例会
やオープン大会では自由に使える。

用語　一般
クイズプレーヤー
くいずぷれーやー

クイズを愛好する人たちの呼称。伊
沢拓司は「クイズで遊ぶ人」という
意味を込めて「クイズプレーヤー」
という肩書を用いている。「クイズ屋」
「クイザー」などの呼び方も存在する。

番組　テレビ
『クイズプレゼンバラエティー Q さま!!』
くいずぷれぜんばらえてぃーきゅーさま

⇒『Q さま!!』

『クイズ文化の社会学』
くいずぶんかのしゃかいがく

2003年に世界思想社から刊行された論集。編者は石田佐恵子と小川博司。社会学者によるクイズ番組及びクイズ史についての論考からなり、巻末には番組年表が収録されているなど資料的な価値も高い。卒業論文などでクイズを扱おうとするうえでは必読の文献。

番組　　テレビ

『クイズ！ヘキサゴン』
くいずへきさごん

フジテレビ系列のクイズ番組（2002〜2005）。司会者は三宅正治（主に深夜時代）→島田紳助。6人の出演者が六角形のテーブルにつき、1人ずつ順番に選んだ問題を他の解答者に出題。出題者は不正解と思う解答者を指名し（○○さんにヘキサゴン）、その解答者が不正解の場合は解答者に×、正解の場合は出題者に×がつく。×が3つで失格となり、最後まで残った人が優勝。出題者は「全員正解」を宣言する「セーブ」も選択できたが、その裏をかいてわざと間違える「セーブくずし」など、さまざまな駆け引きが繰り広げられた。

番組　　テレビ

『クイズ！ヘキサゴンII』
くいずへきさごんつー

フジテレビ系列のクイズ番組（2005〜2011）。総合司会は島田紳助、進行は中村仁美。『クイズ！ヘキサゴン』から大幅にルールが変更され、6人ずつの3チームが戦う形式に。最後に行われる「行列早抜け！リレークイズ」のほか、「電撃4択クイズ どっちカニ〜!?」「ちゃんと出題できるかな!? アナウンスクイズ」「仲間を救え！底抜けドボンクイズ！」など、バラエティーに富んだ形式のクイズが行われ、珍解答を連発する出演者は「おバカタレント」と呼ばれた。

また、「ヘキサゴンファミリー」と呼ばれた出演者からは、差恥心（つるの剛士・野久保直樹・上地雄輔）、Pabo（里田まい・スザンヌ・木下優樹菜）など、さまざまなユニットが誕生した。

用語　形式

クイズボウル
くいずぼうる

アメリカで生まれたクイズの形式。1953年に始まったラジオのクイズ番組『カレッジ・ボウル』の、4人1組の2チームが対戦するものが原型。クイズの主なルールは「toss-up/bonus」で、早押しクイズ（toss-up）に正解したチームが3問の「bonus」問題に解答できるというもの。現在はアメリカに限らず、多くの国で行われている。

ゲーム

『クイズマジックアカデミー』
くいずまじっくあかでみー

2003年に稼働開始したKONAMIのクイズゲーム。略称は「QMA」「マ

ジアカ」。アーケードゲームとしてスタートし、ニンテンドーDS、携帯電話用ゲームとしても展開した。それまでのアーケードのクイズゲームは個人で遊ぶものが多かったが、ネットワークを通じて全国のプレーヤーと同時対戦することが可能となった。このゲームを通じて、クイズを始めたというプレーヤーも多い。ギネスブックに「世界で一番問題数が多いトリビアビデオゲーム」として掲載されたこともある。

書籍　小説

『クイズマン』
くいずまん

眉村卓の小説（1965）。プロのクイ

ズリーグがある近未来が舞台となった。決して有名な作品ではないが、『永田喜彰のクイズ全書』にこの作品の著者を問うクイズが掲載されたため、古くからクイズファンの間で存在が知られていた。

番組 テレビ

『クイズ Mr. ロンリー』
くいずみすたーろんりー

TBS系列のクイズ番組（1982〜1987）。司会は桂文珍。女性出場者30人の中からランダムに選ばれた1人ずつが男性出場者にクイズを出題。男性が正解すると女性が賞金・賞品を獲得。男性は不正解で失格になるまでクイズに挑戦して賞金を獲得できた。各回の最高正解数の解答者はチャンピオン席に座り、前チャンピオンが「転送」という形で退場する演出が話題に。放送終了の4年後、「2」として半年間だけ復活している。

番組 テレビ

『クイズ$ミリオネア』
くいずみりおねあ

フジテレビ系列のクイズ番組（2000〜2007）。イギリスの人気番組の日本版で、司会はみのもんた。出場者が4択クイズに解答していくと、正解数に応じて賞金が上がり、10問正解で100万円、全15問正解で1000万円を獲得。1問誤答で終了となるが、途中で「ドロップアウト」を宣言して獲得賞金を持ち帰ることもできる。正解がわからない時はライフラインと呼ばれる「オーディエンス」「テレフォン」「フィフティ・フィフティ」をそれぞれ1回ずつ使用可。2004年に出場した新庄剛志は最終問題の解答を鉛筆を転がして決め、見事に1000万円を獲得した。

用語 専門

クイズ屋
くいずや

クイズプレーヤーとほぼ同義。「屋」

とあるがクイズ作家を指すわけではない。1994年頃、歌手を指す「歌い屋」という表現にヒントを得て、クイズプレーヤーの岡村悟史が考案したとされる。

番組 ネット

クイズLIVEチャンネル
くいずらいぶちゃんねる

ニコニコ動画とYouTubeのオリジナルクイズ番組動画配信専門チャンネル。2014年に始まった看板番組の『LOCK OUT!』のほか、「AQL」の試合の配信なども行っている。

ツール

Quizlet
くいずれっと

単語帳などを作ることができるオンライン学習ツール。クイズの学習用にもよく使われ、多数の学習セットがネット上に公開されている。2005年にアメリカの高校生アンドリュー・サザーランドが自分用に開発したツールが始まり。

大会

Quiz Road Cup
くいずろーどかっぷ

クイズ作家の日高大介が2003年から2008年まで半年に1度のペースで10回開催したオープン大会。2013年にも第11回大会が開催された。全ての問題を日高が用意し、プロのアナウンサーが出題。大会スタッフを矢野了平が務めた。オープニングで日高が披露する物まねショーも名物だった。加藤禎久が5度優勝、石野まゆみが筆記1位を5度獲得している。

用語 専門

クイズ論
くいずろん

クイズに関する個人の見解や、それをもとにした議論のこと。かつては問題集のコラムで目にする程度だったが、SNSの利用増加に伴い、目にする機会が増えている。

草野 仁
くさの ひとし

クイズ番組の司会を務める元アナウンサー（1944〜）。1985年にNHKを退職してフリーとなり、翌年から2023年春までTBS系列のクイズ番組『世界ふしぎ発見!』の司会を務めた。2022年、司会期間が『アタック25』の児玉清を抜き、日本のクイズ番組史上最長記録を更新した。

その他

クラシエフーズ
くらしえふーず

日本の食品メーカー。菓子及びパンの分野において「QUIZ」「クイズ」を商標登録している（1986〜）。

団体　サークル

グランドスラム
ぐらんどすらむ

東京を拠点とするクイズサークル。1992年、脇屋恵子を中心として結成。クイズ作家の道蔦岳史ら、多くのべテランプレーヤーが所属している。2002年にクイズ番組『天』の社会人編で優勝。有志が開催するオープン大会「クイズフェスティバル」でもおなじみ。

番組　テレビ

『くりぃむクイズ ミラクル9』
くりぃむくいずみらくるないん

⇒『ミラクル9』

ツール

クリップボード
くりっぷぼーど

紙を挟むための道具。机がないホールで行われるクイズ大会では、予選の筆記クイズを解くための下敷きとして必需品となる。

用語 　専門

グロ問
ぐろもん

難易度が高すぎ、ほとんどの解答者が正解できないような問題。クイズゲームなどでよく使われる言葉で、「グロ」はグロテスクの略。

団体 　サークル

慶應クイズ研究会
けいおうくいずけんきゅうかい

慶應義塾大学のクイズサークル。通称のKQKは英語表記の「Keio Quiz Kids」に由来。1982年創設の老舗で、1990年代の「K-1グランプリ」、2000年代の「PRIDE」などの主催オープン大会は当時のシーンに大きな影響を与えた。「abc」初代優勝者・片岡桂太郎らの強豪プレーヤーに加え、アナウンサーの吉田尚記（ひさのり）、プロ雀士の平賀聡彦（としひこ）ら、各界の著名人にも在籍経験者が多い。

用語 　大会

傾斜
けいしゃ

オープン大会などで使われる用語で、ラウンドが進むにつれて問題の難易度が変化していくこと。問題を難しくしていくことを「傾斜をつける」などと表現する。「abc」のように全ラウンドで共通問題を使用する大会は「傾斜がない」といえる。

番組 　テレビ

『決戦！クイズの帝王』
けっせんくいずのていおう

テレビ東京系列のクイズ番組（1996〜1997）。司会は辰巳琢郎とラサール石井。出場者はさまざまなクイズに挑戦し、勝者1人が「帝王」（前回の優勝者）と対決。勝者は賞金100万円と次回の出場権を獲得できた。景品表示法の規制緩和で賞金額の上限が1000万円に引き上げられた直後に始まったため、「最高賞金1000万円」をうたい文句にしていたが、1000万円獲得には10週勝ち抜きが必要とされた。

賢押杯
けんおしはい

オンラインクイズゲームのプレーヤーを対象としたオープン大会（2005～2018）。複数会場で開催された「賢押杯Alt.」も含め、多くの参加者を集めた。2020年からは参加資格を撤廃した後継大会「AllComers」が開催されている。

けんてーごっこ
けんてーごっこ

株式会社マナブ・イガラシが運営する、日本最大のクイズ・検定投稿サイト。2006年にリリースされ、問題数は60万問以上、総受検者数は5000万人以上とされる。

限定
げんてい

問題の正解を1つに絞るためのフレーズ。「後限定」「落とし」とも呼ばれる。「12月の誕生石とされ、深い青色が特徴の、和名を『瑠璃』という宝石は何?」「ラピスラズリ」という問題の場合、「和名を『瑠璃』という」の部分に相当。「12月の誕生石」は他にトルコ石、アイオライト、ジルコンがあり、「青色」も複数が該当するため、和名で初めて1つに絞れることになる。基本問題で戦うレベルの高い大会では多くの問題が前振り部分で押されるが、丁寧な後限定がある問題は評価が高い。

高校生オープン
こうこうせいおーぷん

高校生以下を対象としたオープン大会（1993～）。略称は「高プン」。高校クイズ界の盛り上がりやインフラ整備によって参加人数を増やし、2019年には402人が参加する大規模大会となった。

『高校生クイズ』
こうこうせいくいず

日本テレビ系列のクイズ特番（1983～）。正式名称は『全国高等学校ク

イズ選手権』。総合司会とキャッチフレーズは、福留功男（青春真っただ中、燃えているか!!）→福澤朗（ファイヤー!!）→ラルフ鈴木（POWER!!）→桝太一（VICTORY!!）→安村直樹（トトトトトラ～イ!）。同じ学校の高校生が3人（2人）1組でさまざまなクイズに挑戦し、優勝者を決める。元々は『アメリカ横断ウルトラクイズ』の「弟番組」という位置付けだったが、第28回（2008）からは「知力の甲子園」、第33回からは海外が舞台、第38回からは「地頭力」がコンセプトなど、変遷を遂げながら継続。ギネス世界記録には「世界一参加人数の多いクイズ番組」と認定された。

人物　YouTuber

こうちゃん
こうちゃん

QuizKnockメンバー（1997～）。本名は渡辺航平。東京大学法学部卒。在学中からウェブメディア「Quiz Knock」においてライターを務め、YouTube動画にも主要メンバーとして出演している。得意ジャンルは歴史で、動画シリーズの「世界史講座」では講師役を担当。「ポケモンカード」「遊☆戯☆王カード」、麻雀などに造詣が深い。

用語　大会

コース別
こーすべつ

大会や例会で実施される、異なるクイズ形式に分かれてプレーヤーが対戦するラウンドのこと。ある程度まとまった問題数でじっくりクイズを楽しめるものが多く、大会においては「コース別までは進みたい」という目標を掲げるプレーヤーも多い。コース選択の優先順位は、筆記クイズの結果や前のラウンドの勝ち抜け順で決めるのが一般的である。

書籍　漫画

『国民クイズ』
こくみんくいず

『モーニング』に連載された漫画（1993～1995）。杉元伶一原作、加藤伸吉作画。舞台となる未来の日本社会では、『国民クイズ』という国営番組に合格した者に特権を与える「国民クイズ主義」が導入されている。バ

ブル期の社会に対する風刺が盛り込まれたディストピア作品。2012年には徳久倫康により、本作品の設定を踏まえて戦後日本をクイズ史から読み解く評論「国民クイズ2.0」が発表されている。

語源問題
ごげんもんだい

「○○語で『××』という意味がある〜」という要素が入った問題。代表的なものに「フランス語で『千枚の葉』→ミルフィーユ」「ハワイ語で『跳ねるノミ』→ウクレレ」などがある。問題群や展開によっては「○○語で」の部分で読ませ押しをして勝負に出るときもあるが、語源問題は無数に存在するので、失敗に終わることも多い。多言語話者（マルチリンガル）のプレーヤーは、語源から言葉を推測して正解することも。

5ジャンル制覇クイズ
ごじゃんるせいはくいず

設定された5ジャンルの問題全てに

正解を出すと勝利となる早押しクイズの形式。正解を出したプレーヤーは次のジャンルを指定できる。『FNS1億2,000万人のクイズ王決定戦!』で用いられ、当時のジャンルは「社会」「文学歴史」「科学」「芸能音楽」「スポーツ」だった。

個人杯
こじんはい

1人で問題制作を行って開催する大会。「勝抜杯」「久保隆二杯」など。問題制作者の傾向が色濃く出ることが多く、主催者との相性が勝負結果に表れることも多い。

『子育てクイズ マイエンジェル』
こそだてくいず まいえんじぇる

ナムコのクイズゲーム（1996〜）。プレーヤーは娘の親になり、クイズに正解することで「養育費」を獲得し、娘を大人の女性に育てていく。多く正解した問題のジャンルによって、娘は性格が「まじめ」「色気」「おたく」「わんぱく」のどれかに偏りながら成長していき、25歳になると結婚相手を紹介されて終了する。

人物　司会者

児玉 清
こだま きよし

俳優（1934〜2011）。クイズ番組『アタック25』の司会を1975年の初回から2011年まで36年間にわたって担当（途中、病欠のため板東英二が務めたことも）。「結構！」「なぜ角を取らない？」「ラストコール」など数多くの名言を残し、芸人の博多華丸は児玉清の物まねで「R-1ぐらんぷり」に優勝。『アタック25』収録中には出場者の緊張をほぐすため飴を配ることもあり、その人柄からファンになる出場者も多かった。海外ミステリーをこよなく愛し、芸能界きっての読書家としても知られた。

番組　テレビ

ご長寿早押しクイズ
ごちょうじゅはやおしくいず

TBS系列のバラエティー番組『さんまのSUPERからくりTV』（1992〜2014）などで放送されたクイズコーナー。司会は鈴木史朗。80歳以上の高齢の解答者が早押しクイズに挑戦して優勝者を決めるが、結果よりも予測不能な珍解答や珍発言がメインとなっている。

書籍　漫画

『こちら葛飾区亀有公園前派出所』
こちらかつしかく
かめありこうえんまえはしゅつじょ

秋本治の漫画（1976〜2016）。「運が
よけりゃの巻」「クイズDE お金も
ちの巻」「駄菓子屋カルト王の巻」「世
にも危険なクイズ!!の巻」「アップ
フライトクイズの巻」など、クイズ
番組や大会が舞台の話がたびたび登
場。主人公の両津勘吉が賞品として
冥王星の近くにある新惑星を獲得し
たり、クイズ荒らしの家を訪問した
り、クイズ番組を考案したりと、さ
まざまな面白エピソードが描かれた。

ツール

Qox
こっくす

クイズプレーヤーのWataが開発
したオンラインクイズツール。リリ
ース当初は「Q-Pot（キューポット）」
という名称だった。早押しクイズや
ボードクイズをオンラインで行うこ
とができ、「AQL」で実施される「10
by10by10 mini」にも対応。コロ
ナ禍のクイズ界で爆発的に普及。

用語　　一般

誤答
ごとう

出題されたクイズに対して、間違っ
た解答をすること。早押しクイズに
おいてボタンを押して言葉を発する
ことができない場合も誤答扱いとな
る（お手付きとも）。

人物　　クイズ作家

後藤 裕之
ごとう ひろゆき

ゲームクリエイター（1973〜）。ゲ
ーム『ことばのパズル もじぴったん』
『冒険クイズキングダム』などの作者。
慶應クイズ研究会出身で、現在は面
白法人カヤックに所属。イントロク
イズにも造詣が深く、漢字検定1級
も取得。円周率暗唱42195ケタの
ギネス記録を保持したこともあり、
結婚式のご祝儀袋には円周率にちな
み31415円を入れていた。

ウェブサイト

コトバンク
ことばんく

株式会社DIGITALIO と C-POT が
運営する無料ウェブ百科事典。『デ
ジタル大辞泉』『日本大百科全書』『知
恵蔵』をはじめとする多数の辞書・

事典が一度に閲覧・比較できるため、問題作成の際に役立つことが多い。

人物　文化人

小山 鎮男

こやましずお

元囲碁棋士（1939～）。八段。クイズの実力に秀で、数々のクイズ番組で優勝した。1972年に『アップダウンクイズ』の他の優勝者らと共にクイズサークル「ホノルルクラブ」を設立。1970年代に『実戦TVクイズ必勝法』『クイズ大学入試問題』などのクイズ本を著した。

人物　文化人

是枝 裕和

これえだ ひろかず

映画監督（1962～）。1987年に番組制作会社「テレビマンユニオン」に入社。ドラマ制作を志望していたが、ADとして『アメリカ横断ウルトラクイズ』や『世界ふしぎ発見!』に携わったことがある。

用語　一般

語呂合わせ

ごろあわせ

ある概念を他の言葉や文字に置き換える記憶法。一般的には「鳴くよウグイス平安京」「富士山麓オウム鳴く」などが知られるが、大量の記憶が必要となるクイズ界では独自の語呂合わせが考えられてきた。例えば、個人メドレーの泳ぐ順番を表す「バセ平なぎさ（バタフライ→背泳ぎ→平泳ぎ→自由形）」（女優の片平なぎさを想起）、五輪マークの色の順番を表す「青木久美（左から青→黄→黒→緑［→赤]）」（架空の人物）など。

団体　サークル

コンモリ

こんもり

東京を拠点とするクイズサークル。正式名称は「ザ・コンモリ卍連（卍）」。1996年、関東の学生プレーヤーによって結成。「関東最強難問クイズサークル」を自称するとおり、長文難問が得意な強豪プレーヤーが多数在籍している。

クイズと男女比

ク　イズは原理的には性差なく楽しめる遊びです。しかしいま**オープン大会**に足を運ぶと、ほとんどの場合、参加者は男性が大多数を占めています。はじめに断っておくと、これは筆者の観測に基づくもので、こちらが勝手に外見で推測しているだけです。コンビニのレジでお客さんの性別や年齢を打ち込んでいるようなもので、間違いもあるでしょうが、ご容赦ください。なんとここから先も、ほとんど印象論です。

　男女比に偏りがある理由はいくつか考えられます。まず環境です。すでに男性が多数を占める状況では参加をためらう女性もいるでしょうし、**競技クイズ**やイベントの存在についての情報も得にくくなります。

　もしかすると、そもそもクイズとの相性には性差があるのかもしれません。クイズというものそのものが男性に好まれやすいのだとすれば、偏りがあるのは当然です。しかしこれに関しては、肯定する材料も否定する材料もありません。近い情報に男女の学力の違いについての研究がありますが、こちらも確かなことはわかっていないようです。

　もう少し踏み込むと、出題される問題の偏りは影響があるかもしれません。競技クイズの問題は、多かれ少なかれ必ず偏ります。これは当然で、例えば全人類に向けてフェアな問題を用意するのは現実的ではありません。いま日本でやるイベントならば、現代の日本人向けになるのが自然です。その前提のうえで、性差や年代で有利不利が出ないようどこまで気を配るかは、出題者側に委ねられます。参加者のボリュームゾーンに向けて問題を練るのは自然な発想で、男性向けの問題が増えても批判はしづらいところです（もちろん、フラットな問題を目指す大会も多いです）。

さて、筆者がオープン大会に高頻度で参加するようになった2012年以降、女性参加者の比率は一貫して増加傾向にあります。とくに**古川洋平**さんが**謎解き**向けイベント会場を舞台に開催した「**ラボクイズ**」と呼ばれるイベント群や、「**ソーダライト**」「**スアール**」など、初心者がクイズを始めやすい環境ができたことは重要です。クイズ大会の現場では男女比に偏りがある状況が当たり前のようになってしまっていますが、例えばリアル脱出ゲームの業界では、参加者の男女比は6:4〜4:6ほどとされています。こういった近接ジャンルから新しいユーザーを引き込むことができれば、先に触れた環境の問題は解消されやすくなります。また、メディア的な側面を見れば、『**高校生クイズ**』や『**頭脳王**』などのテレビ番組で一部の男性プレーヤーがアイドル的な人気を集めたことや、「**QuizKnock**」が競技クイズの文脈を多くの視聴者に浸透させたことの影響も大きいでしょう。

　これは良いことです。少なくとも理念のうえでは、性別だけではなく、年齢や居住地、学歴など、あらゆる観点で多様化が進むことが望ましいといえます。出題者というのは参加者を意識するものですので、プレーヤーが多様化されれば、出題される問題もまた多様化されます。もちろん、出題者そのものが多様化することも重要ですね。

　などと偉そうに書いているのですが、残念ながら本書の執筆陣は全員、男性社会人であり、多様性とはほど遠いありさまです。注意を払ってはいても、用語の選択から視点まで、かなりの偏りが予想されます。SNSでも編集部向けの問い合わせでも、ご指摘・ご批判をお待ちしています。（徳久倫康）

ザー
ざー

早押しクイズの形式。第1段階は1
問、第2段階は2問、第3段階は3
問……と設定された正解数に達する
とクリアとなり、他のプレーヤーの
得点が、その段階の0に戻る。クリ
アしたプレーヤーは「ザー」と発声
し、次の段階の0からスタートする。
「ザー」という名称は、積み上げた
得点が波にのまれる様子からついた
と言われている。

埼玉クイズ王決定戦
さいたまくいずおうけっていせん

クイズを通じて埼玉の魅力を知り、
郷土への関心や愛着を高めてもらう
ために行われる埼玉県主催のクイズ
大会（2012～）。3人1組で挑戦し、
上位チームにはスポンサーから豪華
な賞品が贈られる。問題監修や出題
は県職員でクイズ王の能勢一幸が担
当している。

サイドアウト
さいどあうと

1対1で対戦する早押しクイズの誤
答ペナルティー。一方が誤答すると、
問題文が全て読み切られて、対戦相
手に解答権が移る。

再放送
さいほうそう

一度放送したテレビやラジオの番組
を再度放送すること。クイズ界では、
一度開催した大会や企画を別の場所
で開催するという意味で使われ、オ
フラインで開催した企画をオンライ
ンで行う場合も指す。再放送が行わ
れる大会や企画の出場者は、
Twitterなどで問題について触れ
ないように注意する必要がある。

座学
ざがく

問題集などを用いて、クイズの勉強
をすること。受験勉強のように問題

集の読み込みをすることが多いが、「Anki」などのツールを用いた勉強も座学の一種である。

番組　ネット

『魁!!クイズ塾』
さきがけくいずじゅく

ニコニコチャンネルの「QUIZ JAPAN TV」で配信されるクイズ番組。毎回3〜4名の塾生（解答者）が30問のレッスン（クイズ）に挑み、最優秀生徒（優勝者）を決める。塾長はクイズ作家の日高大介。

番組　テレビ

『THE クイズ神』
ざくいずしん

TBS系列のクイズ特番（2012、2013）。主宰は唐沢寿明、進行は若林正恭（オードリー）。2回放送され、各テレビ局の人気クイズ番組のクイズ王と予選通過者を合わせた20名が出場。筆記、ビジュアル、多答、早押しという多彩なクイズで戦い、第1回は渡辺匠、第2回は安藤正信が「クイズ神」の称号を手にした。2023年現在も公式サイトが残されており、出場者のプロフィールやコメントを見ることができる。

用語　専門

作問
さくもん

クイズの問題を作ること。「作業的」「軽い感じがする」という理由で、この言葉を使用しないクイズ作家やプレーヤーもいる。

大会

作問甲子園
さくもんこうしえん

「AQL（All Japan Quiz League）」における「夏のセンバツAQL・問題作成部門」の通称。AQL公式ルール1試合で使う42問（40問と予備2問）の問題を中高生が作成し、審査員の評価によって優勝校が決まる。審査員はベテランから若手まで名を連ね、公式サイトでは各自が詳細な審査基準を発表している。

用語　専門

差し込み
さしこみ

クイズの企画者（作問者）が、ある特定の解答者に向けた問題を出題すること。その人物が極めて得意なジャンルや、仕事関連の問題を指すことが多い。意識して差し込んだつもりはないものの、結果的に差し込みになるというパターンもある。

番組　テレビ

『ザ・タイムショック』
ざたいむしょっく

⇒『タイムショック』

番組　テレビ

『雑学王』
ざつがくおう

テレビ朝日系列のクイズ番組（2007〜）。司会は爆笑問題。2011年のレギュラー放送終了後も特番『芸能人雑学王最強No.1決定戦』として、たびたび放送されている。芸能人の解答者が、さまざまな雑学クイズに筆記で解答。「今すぐ使える豆知識」というサブタイトルのように、単なる知識クイズではなく、誰かに出題したくなるような問題が多い。

番組　テレビ

『三枝の国盗りゲーム』
さんしのくにとりげーむ

テレビ朝日系列の視聴者参加型クイズ番組（1977〜1986）。司会は桂三枝（現・桂文枝）。4人の解答者が前半は早押しクイズに挑戦し、正解すると領地（都道府県）を2つ獲得。後半は獲得されなかった領地を対象に坊主めくりゲームが行われた。

人物　文化人

山東 昭子
さんとう あきこ

女優、政治家（1942〜）。『クイズタイムショック』では5週連続勝ち抜き、「クイズの女王」の異名をとった。1974年に政治家に転身。参議院史上最多の8度当選や、女性として2人目の参議院議長としてクイズにもよく出題される。

用語　専門

3パラ
さんぱら

パラレル問題のうち、問題文が3段

階で展開されるもの。例えば、「日本で一番長い川は信濃川、二番目に長い川は利根川ですが、三番目に長い川は何?」のような問題。

JQSグランプリシリーズ
じぇいきゅーえすぐらんぷりしりーず

日本クイズ協会(JQS)が主催するクイズ大会(2018〜)。実力別に「Q1」「Q2」「Q3」の各ディビジョンに分けられた参加者が年間最大4戦に参加し、獲得したポイントによってランキングを決定。形式はボード、早押し、早押しボード。「Q1」の最終ランキング上位10名はグランプリファイナルに進出し、第1期・第3期・第4期は徳久倫康、第2期は石川貞雄が優勝した。

番組　テレビ

『Jeopardy!』
じぇぱでぃ

アメリカのクイズ番組(1964〜)。3人の解答者がクイズに挑戦。問題文は一般的なクイズのような疑問文ではなく、例えば「それは日本で最も面積が狭い県です。」という問題なら「香川県はどんな県?」と解答すれば正解となる。問題はカテゴリごとに難易度が5段階になっており、日本の『クイズグランプリ』の原形となった。2011年にはIBMのコンピュータ「Watson」がこの番組のルールで2人のチャンピオンに勝利している。

用語　一般

自己採点
じこさいてん

筆記クイズの結果を受験者本人が採点すること。サークルの例会などでよく行われる。オープン大会の採点は一般にスタッフ(出場者を兼ねていることも多い)が行う。

用語　一般

時事問題
じじもんだい

ニュースをテーマにしたクイズの問題。就任、引退、発売、発見、受賞、有名人の結婚や死去、スポーツの結果などが問題になりやすく、ジャンル的には芸能とスポーツが多くなり

がち。時事問題は短期的な対策が可能となるため、大きなクイズ大会が行われる前は、時事問題を交換し合って対策するプレーヤーも多い。

番組　　テレビ

『史上最強のクイズ王決定戦』
しじょうさいきょうのくいずおうけっていせん

TBS系列の番組『ギミア・ぶれいく』『THE プレゼンター』内で放送されたクイズ特番（1989〜1995）。司会は草野仁ら。本選第1関門は3択、第2関門（4人）は早押し、第3関門（2人）は早押し＋カプセルクイズ。レギュラーの全9回では、西村顕治が5回、水津康夫が4回優勝。レギュラー終了後の「全国選抜サバイバルマッチ」と「ライブ」では、いずれも小林聖司が優勝した。出場者は

基本的に一般視聴者だが、石坂浩二が芸能界代表として参加し、健闘していた。

書籍　　小説

『史上最大の木曜日』
しじょうさいだいのもくようび

戸部田誠（てれびのスキマ）のノンフィクション小説（2022）。「クイズっ子たちの青春記1980-1989」というサブタイトルがつけられている。『アメリカ横断ウルトラクイズ』の中でも伝説的に語られる第13回大会を中心に、優勝者の長戸勇人ら、当時のクイズプレーヤーの証言をもとに描いた。『QUIZ JAPAN』ウェブ版で連載された『ボルティモアへ』を改稿したもの。

用語　　専門

地蔵
じぞう

クイズの企画において1問も正解できないこと。「今日はずっと地蔵だったよ」などのように使われる。お地蔵さんが動かずじっとしている様子にたとえた言葉と思われる。

篠原 かをり
しのはら かをり

作家(1995〜)。横浜雙葉高校では、『高校生クイズ』全国大会に２度出場。クイズ番組『世界ふしぎ発見!』ではミステリーハンターとして活躍している。主な著書に出版甲子園でグランプリを獲得した『恋する昆虫図鑑』などがあり、生き物を題材に取ったクイズ本も複数執筆。宝塚歌劇団の熱心なファンとしても知られる。2022年にQuizKnockメンバーの河村拓哉と結婚した。

市販本
しはんぼん

書店などで売られているクイズ問題集。クイズ番組で出題された問題をまとめた本のほか、古くは『クイズは創造力』『○○のクイズ全書』や『クイズ番組攻略マニュアル』、最近では「東大クイズ研○○クイズ」シリーズや「QUIZ JAPAN全書」シリーズなど。

しみけん
しみけん

博学で知られるセクシー男優（1979〜）。『アメリカ横断ウルトラクイズ』をきっかけにクイズに目覚め、「礎になった一冊」として長戸勇人の『クイズは創造力〈理論篇〉』を挙げている。プレーヤーとしても実力者で、『BAZOOKA!!!』(BSスカパー!)の「地下クイズ王決定戦」で２度優勝している。

しもふりチューブ
しもふりちゅーぶ

お笑いコンビ「霜降り明星」の
YouTubeチャンネル。1対1対戦
のクイズ動画が頻繁に公開されてい
る。なぞなぞや意地悪な「ひっかけ
クイズ」のようなバラエティー色の
強いものや、『ONE PIECE』カルト
のように特定のコンテンツに絞っ
たものなど、多様な企画が楽しめる。

| 人物 | 芸能人 |
ジャニーズクイズ部
じゃにーずくいずぶ

ジャニーズ事務所に所属するアイド
ルで結成されたクイズ部。主なメン
バーはSnow Manの阿部亮平、
Travis Japanの川島如恵留、美
少年の那須雄登、浮所飛貴、7
MEN侍の本髙克樹、Aぇ! group
の福本大晴、少年忍者の川﨑皇輝。
2021年頃から『Qさま!!』など多
くのクイズ番組に出演している。

| 用語 | 一般 |
ジャンル
じゃんる

クイズのテーマとなる分野。往年の
番組『クイズグランプリ』では「ス
ポーツ」「芸能・音楽」「文学・歴史」
「社会」「科学」の5ジャンル。ゲー
ム『クイズマジックアカデミー』で
は「アニメ＆ゲーム」「スポーツ」「芸
能」「ライフスタイル」「社会」「文
系学問」「理系学問」の7ジャンル。
各ジャンルの下に子ジャンルを設け
るなど、最近はもっと細分化される
ことも多い。

| 用語 | 専門 |
ジャンル限定大会
じゃんるげんていたいかい

特定のジャンルの問題しか出題され
ないクイズ大会。アニメ・ゲームの
基本問題で競う「あにわん」、芸能
の基本問題で競う「G-1グランプリ」
などがある。限定範囲を特定の作品
や掲載媒体にまで絞った大会も多い。
かつては限定大会をオムニバス形式
にした「カルトQまつり」という
大会シリーズも開催されていた。

| 番組 | ネット |
12時間クイズ
じゅうにじかんくいず

QuizKnockが2018年から4年連

続で夏に配信したクイズ企画、または、ルール。早押しクイズを12時間ライブ配信するという内容で、1問正解で1点が入り、誤答は1回目が－1点、2回目が－2点（n回目が－n点）とペナルティーが増えていく。誤答の回数は12時間の間で2度リセットが可能。2022年は後継企画として「500問耐久クイズ」が放送された。

その他

自由の女神
じゆうのめがみ

ニューヨークにある像。『アメリカ横断ウルトラクイズ』の○×クイズ1問目は自由の女神に関する問題であることが多く、番組での活躍を期す出場者は徹底的に研究した。また、後期の回では自由の女神に向けて航行する船の上で決勝が行われた。「ニューヨークの自由の女神がある島の名前は?」「リバティー島」は、ベタ問題のひとつ。

用語　　専門

出題者は神
しゅつだいしゃはかみ

クイズの正誤判定の権利を出題者が持つという考え方。クイズ初心者が出題側に回った場合などは、正解、誤答の判定に迷うことも多いが、「出題者は神」という考え方の下では、解答者がどれだけ重鎮プレーヤーでも、判定には従わないといけない。『能勢一幸のクイズ全書』のコラムで紹介され、全国のクイズサークルに浸透した。

郵便はがき

| 1 | 0 | 4 | - | 8 | 0 | 1 | 1 |

東京都中央区築地

5−3−2

株式会社
朝日新聞出版
生活・文化編集部 行

ご住所 〒			
	電話	( )	
ふりがな お名前			
Eメールアドレス			
ご職業		年齢 歳	性別

このたびは本書をご購読いただきありがとうございます。
今後の企画の参考にさせていただきますので、ご記入のうえ、ご返送下さい。
お送りいただいた方の中から抽選で毎月10名様に図書カードを差し上げます。
当選の発表は、発送をもってかえさせていただきます。

愛読者カード

本のタイトル

お買い求めになった動機は何ですか？（複数回答可）
    1. タイトルにひかれて   2. デザインが気に入ったから
    3. 内容が良さそうだから   4. 人にすすめられて
    5. 新聞・雑誌の広告で（掲載紙誌名   ）
    6. その他（   ）

表紙	1. 良い	2. ふつう	3. 良くない
定価	1. 安い	2. ふつう	3. 高い

最近関心を持っていること、お読みになりたい本は？

本書に対するご意見・ご感想をお聞かせください

ご感想を広告等、書籍のPRに使わせていただいてもよろしいですか？
    1. 実名で可   2. 匿名で可   3. 不可

書籍　小説

『首里の馬』
しゅりのうま

高山羽根子の小説。2020年に芥川賞を受賞。主人公の未名子は沖縄で暮らし、オンライン通話で遠方の人々にクイズを出題するオペレーターをしている。伊沢拓司の著書『クイズ思考の解体』では、作品の一節がエピグラフとして掲載された。

人物　その他

ジョージ・マロリー
じょーじまろりー

イギリスの登山家（1886〜1924）。「なぜ山に登るのか？」と聞かれて「そこに山があるから」と答えたエピソードが有名。早押しクイズでは古くから頻出の人物で、「なぜ山／」でボタンを押して正解されてしまうため、ベタ問題の代名詞的な存在となっている。

書籍　漫画

『将太の寿司』
しょうたのすし

『週刊少年マガジン』に連載された寺沢大介の漫画（1992〜1997）。パンチのきいたキャラクターや読者の想像を超えるストーリー展開でいまなお多くの読者に支持されている。2019年に開催された有志主催の大会「将太の寿司オープン」では、クイズに加え寿司の実食パフォーマンスや食材の目利きが行われたほか、作者の寺沢本人がサプライズ登場し、優勝者に直筆イラスト入りTシャツを贈呈した。

用語　専門

初日
しょにち

クイズ大会の早押しラウンドにおいて初めて正解すること。相撲における、その場所の初勝利にたとえた言葉。

用語　専門

地雷
じらい

誤答を回避するのが困難な問題。仲間内の集まりなどシャレが通じる場で出題される分には笑いが生まれる

こともまれにあるが、オープン大会
などでは出題が避けられる。

ウェブサイト

新・一心精進
しんいっしんしょうじん

クイズ大会のスケジュールや、結果
が掲載される「クイズナビゲーショ
ンサイト」。日本全国のクイズ大会
がサイト上で告知され、大会終了後
に上位入賞者や参加人数が掲載され
る。クイズプレーヤーの西田篤史が
個人で運営していた「一心精進」が
2017年にリニューアルされ、大会
主催者が大会を簡単に告知できるよ
うになった。サイトのデータによる
と、2022年には276イベントが告
知され、のべ参加人数は16602人
に上った。

用語　専門

シンキングタイム
しんきんぐたいむ

クイズの解答者に与えられる思考時
間。競技化された近年のクイズ大会
の早押しクイズでは明確に定められ、
ボタンを押した瞬間または指名され

た瞬間から、正誤判定者が掲げた指
によって示されることが多い。その
長さは5カウント（≒5秒）や3カウ
ント（≒3秒）が一般的。テレビのク
イズ番組ではシンキングタイムが明
示されないことが多いが、クイズの
競技化を語るうえで欠かせない概念
と言える。

用語　専門

シングルチャンス
しんぐるちゃんす

早押しクイズの各問題で、最初にボ
タンを押した人だけが解答権を得ら
れるルール。ボタンを押したプレー
ヤーが誤答した場合、その時点で出
題者が正解を発表して、その問題は
終了する。多くの競技クイズの大会
はシングルチャンスで行われる。

番組　テレビ

『人工衛星クイズ』
じんこうえいせいくいず

日本テレビ系列のクイズ特番（1984）。
司会は児玉清。『アメリカ横断ウル
トラクイズ』のスタッフによって制
作された。男女2人の挑戦者は、早

押しクイズに正解すると宝探しに挑戦。海外にいる俳優・山下真司に人工衛星を使って指示を出す。第1弾はチュニジア、第2弾はスイスが舞台となった。

大会
新人王／早押王
しんじんおうはやおしおう

2008年の「u-4／Quizzes'08」を前身かつ第1回とする同日開催のオープン大会。通称「しんはや」。「東日本」「西日本」など複数会場で開催されるのが特徴。新人王は「クイズ歴5年目以下」というレギュレーションがあり、「新人王」の参加者が「早押王」、「早押王」の参加者が「新人王」のスタッフを務める。7○3×を複数セットできることや、実力が近い人と対戦できることから満足度が高いとされるが、2019年を最後に無期限休止中。

施設
スアール
すあーる

お酒やソフトドリンクを飲みながら、ワイヤレスの早押し機などでクイズが楽しめるクイズバー。2022年、東京・池袋に1号店が誕生し、2023年には名古屋、大阪にもオープン。ボードゲームカフェなどを手がける実業家の矢内東紀（通称：えらいてんちょう）が運営会社の社長を務めた。店名はアラビア語で「質問」という意味。

人物　プレーヤー
水津 康夫
すいつ やすお

『史上最強のクイズ王決定戦』などで活躍したクイズ王（1949～）。決勝の「カプセルクイズ」で驚異的な知識量を示し、西村顕治と共に、同番組のタイトルを独占。愛用の扇子であおぎながら、難問に解答する姿で知られた。長野県松本市の印刷会社に勤務し、番組を通じて松本市をPRした功績を称えられ、市から顕彰を受けている。1978年には『アタック25』の初代年間チャンピオンにも輝いた。

『水津康夫のクイズ全書』
すいつやすおのくいずぜんしょ

水津康夫が著したクイズ問題集（1992）。通称「水津本」。サブタイトルは「森羅万象を知識化する『厳選1200問』」で、膨大な知識を持つ著者の作風が強く反映され、難度の高さは群を抜いていた。難問を愛好するプレーヤーに支持され、今なお「水津本」のファンは少なくない。

用語 形式

Swedish 10
すうぇでぃっしゅてん

オープン大会「abc」のコース別クイズ「number 10」で採用されている形式の1つ。10問正解で勝ち抜け、10×で失格となるが、誤答した時の正解数に応じて加算される×の数が異なる（0○の場合：1×、1〜2○：2×、3〜5○：3×、6〜9○：4×）。名前の由来は、4人の走者が100m、200m、300m、400mを順に走る陸上競技「スウェーデンリレー」。

ツール

スーパーハヤオシ
ピンポンブー
すーぱーはやおしぴんぽんぶー

⇒ハヤオシピンポンブー

人物 YouTuber

須貝 駿貴
すがい しゅんき

QuizKnockメンバー（1991〜）。初登場時から一貫する決めゼリフ「ナイスガイの須貝です!」で親しまれている。YouTube動画に出演するまでクイズの経験がなかったが、快活で突破力のあるキャラクターで多くのファンを獲得した。東京大学大学院総合文化研究科の博士課程を修了しており、毎年自然科学分野のノーベル賞各部門の発表に合わせ速報の解説動画を公開している。趣味は草野球とアイドル・声優の応援。

人物 プレーヤー

鈴木 淳之介
すずきじゅんのすけ

クイズプレーヤー（1994〜）。通称

「jso」。札幌南高校を経て東京大学に入学し、個人戦の「abc」、団体戦の「EQIDEN」で優勝。社会人になってからは、第2回『Knock Out』を制し、第6回・第7回「ABC」を連覇。第22回「勝抜杯」でも優勝した。基本的な問題に対する超人的なスピード、難問長文でもトップレベルで戦える知識量を併せ持つ。2022年にはバラエティー番組『探偵ナイトスクープ!』に、カレー店の超難問クイズゲーム機に挑む「宇宙一のクイズ王」として出演した。

人物　文化人

鈴木 光
すずき ひかる

かつて『東大王』で活躍した弁護士（1998〜）。中学3年生で英検1級に合格し、番組内では「スタンフォード大学が認めた才媛」と呼ばれていた。ファッション誌や企業の広告などにも出演。2021年に全ての芸能活動を終了し、司法試験に合格した。著書に『夢を叶えるための勉強法』がある。

用語　大会

☆
すたー

オープン大会「abc」で使われる用語。元々は団体戦で実績を示すための指標として導入された。1st Round通過48人の枠に入ると付与され、成績により最大5☆まで獲得可能。同様のシステムを導入する大会は多く、鳥居（「STU」）、もみじ（「白鹿杯」）、雪の結晶（「abcmorphous」）など、それぞれ独自のマークが採用されている。

番組　テレビ

『頭脳王』
ずのうおう

日本テレビ系列のクイズ特番（2011〜）。司会は福澤朗。日本で最も優れた「頭脳」の持ち主を決めるというコンセプトで、知識、発想力、計算力などを幅広く問う問題が出される。出場者はほとんど東京大学・京都大学の学生・OBで占められ、東京大学の亀谷航平、水上颯、河野玄斗、京都大学の井上良、木戸直人が

優勝している。

用語　専門

ずばり
ずばり

短文クイズにおける文頭の定型の1つ。「ずばり、」の後には問題のポイントとなる部分がくることがほとんどである。

その他

スミス
すみす

「鍛冶屋」をルーツとするファミリーネーム。英語圏で最も多いファミリーネームであるため、西洋人の名前が答えになるボードクイズなどで答えがわからない人は、少しでも正解の確率を上げるために勘で「スミス」と書くことがしばしばある。

用語　専門

スラッシュ
すらっしゅ

早押しクイズでボタンを押したポイントのこと。問題集に「／」の形で記されるため「スラッシュ」という。

「1問目から、とんでもないスラッシングを見せた」など、動名詞的に使用するプレーヤーもいる。

映画

『スラムドッグ＄ミリオネア』
すらむどっぐみりおねあ

ダニー・ボイル監督の映画（2008）。原作はインド人外交官ヴィカス・スワラップの小説『ぼくと1ルピーの神様』。スラム育ちの少年ジャマールは、インド版の『クイズ＄ミリオネア』に出演。自分の経験を生かして次々と難問に正解していくが、最終問題を前に不正を疑われて警察に逮捕され……。1問目の「アミターブ・バッチャン」ですでに日本人には超難問だったが、最終問題は日本でもよく知られている作品がテーマだった。

用語　専門

スルー
するー

早押しクイズで誰もボタンを押さないこと。難問奇問が多数出題される企画では「スルー連発」となること

も。クイズ番組ではスルー問題は編集でカットされることも多い。

用語 | 一般

正誤判定
せいごはんてい

解答者が発した解答が正解か不正解か判定すること。クイズ番組や大会では専任の人（問題についての責任者など）が置かれることが多いが、サークルの例会などでは出題者が自ら行うのが一般的。オープン大会では、正誤判定の基準について、シンキングタイム、人名の答え方（「東洋人はフルネーム」など）、微妙な解答への対応など、細かいルールが決められていることが多い。

番組 | テレビ

『世界一周双六ゲーム』
せかいいっしゅうすごろくげーむ

テレビ朝日系列のクイズ番組（1980〜1986）。司会は乾浩明。クイズに正解するとルーレット型のサイコロを操作し、出た目の数だけ世界地図上を進む。0の東京をスタートし、50の東京まで戻って世界一周を達成すると、賞品の海外旅行が獲得できる。コースには毎回変わる「ラッキー都市」（止まると賞品がもらえる）、「ガックリ都市」（止まると東京に戻される）が設定された。

番組 | テレビ

『世界ふしぎ発見！』
せかいふしぎはっけん

TBS系列のクイズ番組（1986〜）。正式名称は『日立 世界ふしぎ発見！』。司会は草野仁（2023年4月から「クイズマスター」）→石井亮次。レギュラー解答者は黒柳徹子と野々村真。「ミステリーハンター」と呼ばれるリポーターが、主に海外からクイズを出題。2022年までは、解答者は「ヒトシ君人形」を賭けてクイズに解答し、正解するとさらに「ヒトシ君人形」を獲得、不正解の場合は没収される（ボッシュート）ルールだったが、

2023年から大幅リニューアル。出演者同士で相談して1つの答えを出す形式になり、「ヒトシ君人形」はただの置物になった。

番組 テレビ

『世界まるごと HOW マッチ』
せかいまるごとはうまっち

TBS系列のクイズ番組（1983〜1990）。司会は大橋巨泉、ナレーターは小倉智昭。解答者は石坂浩二、ビートたけし、外国人タレント（ケント・ギルバート、チャック・ウィルソンら）と男女ゲストの5名。さまざまな国の商品の値段を当てるクイズが出題され、フリップに答えを書く形で解答。ピタリ正解すると「ホールインワン賞」、大橋巨泉が近いと判断すると「ニアピン賞」。「ホールインワン賞」1本または「ニアピン賞」10本で世界一周旅行を獲得できた。逆に、答えた金額が正解と2ケタ以上離れていた場合は、「ロストボール」としてニアピン賞1本が没収された。

用語 専門

責任問題
せきにんもんだい

特定のプレーヤーが得意とするジャンルの問題。スルーになりそうになったときに「責任を持って押せ」という意味で使用され、「責任押し」という表現も。

用語 専門

0次予選
ぜろじよせん

クイズ大会や例会に参加する前に存在する関門のこと。特に、定員オーバーでエントリーできなかった場合や、寝坊で遅刻することなどを「0次予選敗退」と呼ぶ。通常の予選より前にあたることから、俗語的に呼ばれるようになった。

POCKET』には青柳碧人×福留功
男の対談が掲載された。

大会

全国高校生 金融経済クイズ選手権

ぜんこくこうこうせい
きんゆうけいざいくいずせんしゅけん

⇒ エコノミクス甲子園

番組　テレビ

『全国高等学校 クイズ選手権』

ぜんこくこうとうがっこう
くいずせんしゅけん

⇒『高校生クイズ』

大会

全国高等学校 総合クイズ大会

ぜんこくこうとうがっこう
そうごうくいずたいかい

⇒ ニュース・博識甲子園

書籍　小説

『双月高校、クイズ日和』

そうげつこうこうくいずびより

青柳碧人の小説（2013）。クイズ同
好会を結成し、クイズ大会「ビロー
ド6」出場を目指す高校生たちの青
春が描かれた。文庫版の解説は福留
功男が担当し、文庫情報誌『IN★

番組　テレビ

『象印クイズ ヒントでピント』

ぞうじるしくいずひんとでぴんと

⇒『ヒントでピント』

施設

ソーダライト

そーだらいと

2018年に東京・江戸川橋にオープ
ンしたクイズ専門店。正式名称は
「QUIZROOM SODALITE」。大き
いランプの早押し機を常設し、予約
制で早押しクイズやイントロクイズ
のイベントを開催している。スター
ター、ビギナー、スタンダードなど
のクラスに分けられ、同じレベルの
参加者同士が競うように配慮。ソー
ダライトをきっかけとした、社会人
スタートのクイズプレーヤーも多い。

ゾスラ
ぞすら

「ゾーンスラッシュ」の略。早押し
クイズにおいて、集中力が極限まで
高まったいわゆる「ゾーン状態」で
の、とんでもなく早いポイント押し
のこと。そのようなポイントで押さ
れた問題文の冒頭のフレーズ自体も
指す。

「そっちか!」
そっちか

誤答やスルーになった問題で、出題
者から正解が発表された後、解答者
からよく聞かれる言葉。おおよそ2
択と思えない問題でも口にする人が
おり、「どっちやねん」とツッコミ
が入ることもある。

クイズの勉強法・前編

「**ク**イズが趣味です」というような話をすると、「クイズが趣味って、具体的に何をするんですか?」「クイズの勉強の本とか見たことないんですが、特別なテキストとかあるんですか?」など、いろんな質問を受けます。「クイズの勉強」「クイズのトレーニング」とは一体どのようなものか、一端をご紹介します。

まずは、多くの強豪プレーヤーが実践している「過去に出題された問題の読み込み」から見ていきましょう。プレーヤー間では「**座学**」と呼ばれることが多いです。

クイズの世界には、何十年も前から繰り返し出題されてきた「**ベタ問題**」が存在します。有名なものをいくつか紹介します。

「不動産広告の徒歩1分は何メートルを指す?」

「1円切手の肖像に描かれる、郵便や切手という言葉を考案した人物は誰?」

「間口が狭く、奥行きが細長い家屋を、ある生き物の名前を使って何の寝床という?」

「ベートーベンが完成させた唯一のオペラは何?」

「競馬や競輪などの公営競技に共通する、1枠の枠番の色は何色?」

答えは順に「80メートル」「前島密」「うなぎの寝床」「フィデリオ」「白」です。

この5問は、基本中の基本といえる問題です。クイズが得意な人ならほとんど正解できるでしょう。例えば『**パネルクイズ アタック25** next』の予選では、これらの問題が今でもよく出題され、クイズの経験の有無によって差がつく問題になると推察します。

「ベタ問題のマスター」とは、このような「よく出る問題」をフルカバー

することを指します。資格試験の対策のように、丸覚えしてしまうことが多いです。それでは、そのようなベタ問題は、一体何問ほどあるのでしょうか。昔は1万問ほどと言われていましたが、今は趣味・生活の多様化で出題範囲が広がったことや、情報化社会で多くの情報を容易に拾えるようになったため、1万問から格段に増えた気がします。特にクイズにかけられる時間に比較的余裕がある学生は競技レベルが近年飛躍的に向上し、「abc」のようなトップ大会では、予選通過者のほとんどが数万問を覚えている状況と察します。このような傾向があるため、受験勉強（特に膨大な量の記憶）が得意な出場者（一般的に高偏差値帯の大学生）が上位に来る傾向があります。

さて、この本を手に取られた初心者や、クイズに触れたことがない方は「ベタ問題が網羅されている問題集はどこで手に入るのか」「大量の問題をどのようにマスターするのか」という2つの疑問が出てくると思います。順に解説していきましょう。

問題の入手方法

インターネットが普及する以前は、「クイズの問題」を手に入れる能力の高さが、クイズ力に直結していました。私は関西の大学に通っていましたが、関東の大会の問題を入手するため、先輩から貸してもらった問題集（すでにコピー済みのもの）をコンビニでコピーすることもしばしばありました。問題を手に入れるためには、そうしたコネを利用したり、**遠征**してクイズ大会の会場で問題集を購入したりしなければなりません。一般の方には難しい、高難度の行為でした。

今では、さまざまな方法で問題集を手に入れることができます。

書店で売っている市販のクイズ本は、アマゾンなどのネットショッピングサイトでも、手に入れることができます。1990年代には『**クイズは創造力**』『**史上最強のクイズ王決定戦**公式問題集』（ともに全3巻）など、情報センター出版局から、古典的ベタ問題が大量に掲載された問題集が多く出版されました。今でも、メルカリなどで、出品されることがあります。

現在の主流は「インターネット通販」です。その代表格が本書の見出し語にもなっている**「クイズ宅配便（通称Q宅）」**と**「BOOTH」**です。両者とも電子書籍で大量のクイズ問題集を取り扱っています。クイズ愛好者が、所属している**クイズサークル**や**クイズ研究会**で出題した自作問題をPDF形式で販売していることが多いです。Q宅さんでは、紙で製本されたクイズ問題集も販売されています。

インターネット上で無料公開されているクイズ問題もあります。基本問題の宝庫である「abc」の過去問は第1回から第12回まで公開（2023年3月現在）されていますし、過去問をランダムで表示する「abc / EQIDEN Search」というサイトも存在します。ネットにつながっていれば、1万問以上の**基本問題**にいつでも触れることができ、クイズの勉強にも使えます。初心者が仲間内で早押しクイズを行うときにも、問題に困りません。

他にも、**QuizKnock**の「常識Kncok」などでもクイズの頻出問題が大量に公開されています。

既出問題の勉強方法

さまざまな方法があり、当人に合わせたメソッドを採用するといいでしょう。

アナログなやり方として、紙に印刷した問題の、重要そうなキーワードを蛍光ペンでマークし、補完知識を余白に書く方法があります。私はこの方法をとっています。今では、スマートフォンを使った暗記アプリが複数あります。わかる問題とわからない問題を指先で右、左とスワイプして解き、わからない問題が時間を置いて出題されるものを使用している方が多いです。**「Ankiを毎日200問回している」**などは、この数年、よく聞かれるワードとなりました。

忘却との闘い

先ほどのページでインプットする方法を書きましたが、人間は忘却する動

物です。たくさん頭の中に詰め込んだ知識は、薄れていきます。時間が経過しても忘却しない人間がいたら、悲しい思い出もずっと脳内に残り、つらい人生を歩むことになるでしょう。

クイズによく出る事項などを、ずっと頭にとどめておく方法はあるのでしょうか。経験則からいうと、ありません。1年間、会っていない人の顔と名前が出てこないのと同じ現象が当てはまると思います。

ではどうするかというと、1年に1回、その単語や概念と再会すると、抜け落ちそうになる知識を再び拾い直すことができます。本棚や引き出しの中を年に1回整理するように、頭の中も整理するのです。まとめて覚える**多答クイズ**を例に挙げます。私の場合、日本の国民の祝日（16）、歌舞伎十八番（18）、日本の国立公園（34）などは全て覚えましたが、しばらく時間がたつと、正確にアウトプットができなくなります。なので、1年に1度、機会を作って覚え直していました。ペンキがはげてきた建物の外壁に、もう一度ペンキを塗り直すような作業です。近年では、毎年2月頃に**「知識検定」**という1000問を5時間で解く検定試験（2023年は500問をPCやタブレットで解答する形式に変更）に合わせ、これらを全て言えるようにしました。最初に覚えるときはとても時間がかかりますが、1度忘れてから覚え直す行為は、半分以下の時間で、記憶を復活できます。年に1度の同窓会のように会って「歌舞伎十八番の諸君、久しぶり！ 18人の名前をもう一度チェックさせてくれ」と再会を楽しむように覚え直します。

また、上記のような多答クイズの場合、脳にプレッシャーをかけて、記憶を強化する方法もあります。私は昔、千葉県の京葉線沿線に住んでいました。東京駅の京葉線ホームから他の路線への乗り換えは歩いて10分ほどかかることを利用し、歴代の内閣総理大臣とアメリカ大統領の名前を全員、歩きながら小声で言う練習をしていたことがあります。最初はまったくできなかったのですが、毎日このゲームを続けていくと、だんだん名前が出てくるようになりました。頭に思い浮かべるだけでなく、クイズ番組で解答席にいる感覚で、実際に声に出すのがポイントです。

同様のやり方で、「電車が次の駅につくまでに多答クイズの答えを言い切る」という練習もあります。「一等星の名前21個」や「二十四節気」を山手線で駅と駅の間に言い切ります。机の前に座っているより、体を動かしている移動中は脳が活性化する時間帯です。どんな状況も、工夫次第でアウトプットのトレーニングに変えることができます。

　私はあまりやらないのですが、**語呂合わせ**の天才もクイズの世界にはいます。「アパセロス　ベアパアロベト　ロロヘメロ　トメミュモンモス　ロソバアシ」って何かわかりますか？　これは2000年までの夏のオリンピックの開催地（中止分含む）の頭文字をとった、短歌です。クイズ番組にもよく出演している大森孝宏さんが、あるサークルのなかで突然吟じて、周囲が騒然となったことがありました。大森さんは、このような語呂合わせやダジャレを自身で大量につくり、覚えているそうです。驚異的ですよね。他にも、アカデミー作品賞を全て歌にして覚えているという**クイズ王**の方もいらっしゃいます。

（後編に続く）

「た」行

用語　大会

ターンオーバー

たーんおーばー

オープン大会「abc」などで行われる、筆記クイズの結果発表の方法。順位が書かれたネームプレートを裏返しに持ったスタッフがステージ上に一列に並び、司会者の「Turn over!」というコールとともに一斉に表に返す。順位とともに2nd Roundの組分けが判明する瞬間でもあり、会場は大きな緊張感に包まれる。

番組　テレビ

『タイムショック』

たいむしょっく

テレビ朝日系列のクイズ番組（1969〜）。少しずつタイトルを変えて、3期のレギュラー放送（1969〜1986、1989〜1990、2000〜2002）のほか、特番として現在まで放送されている。レギュラーの司会は、田宮二郎→山口崇→生島ヒロシ→中山秀征ら。解答者は時計台の前の椅子に座り、緊迫感のあるBGMとともに1分間で次々に出される12問のクイズに解答。正解数が基準以下の場合、椅子が回転しながら降下するペナルティーを受ける（「トルネードスピン」と呼ばれたことも）。解答時間が短いため、ひっかけ問題や「今何問目？」など、独特な問題が多用される。

用語　形式

タイムレース

たいむれーす

制限時間を設けて、問題を矢継ぎ早に出題する早押しクイズの形式。出題中は問題についてのフォローは行わず、問い読みの「問題。」という発声も1問目以外はされない。

用語　形式

択一

たくいつ

3択、4択のように、選択肢の中か

ら正解を選ぶクイズの形式。往年の
クイズ番組では3択が多かったが、
現在は4択が主流。出題者としては、
1問1答では出しづらい問題（細かい
数値、曖昧な言葉を問うものなど）も出せ
るというメリットがある。また、「次
のうち最も〜」という比較問題など、
択一ならではの問題も多数存在する。

番組　テレビ

『たけし・逸見の
平成教育委員会』
たけしいつみの
へいせいきょういくいいんかい

➡ 『平成教育委員会』

人物　芸能人

辰巳 琢郎
たつみ たくろう

博識で知られる俳優（1958〜）。京
都大学文学部出身で、『平成教育委
員会』『雑学王』をはじめとする多
くのクイズ番組で活躍し、「芸能界
のクイズ王」と呼ばれた。ワイン愛
好家としても知られ、「日本のワイ
ンを愛する会」の会長も務めている。

用語　形式

多答クイズ
たとうくいず

複数の正解があるクイズ。「一般的
な12星座占いで使われる星座は
何?」など。完答を目指す問題もあ
れば、1つだけ答えて他のプレーヤ
ーと重複しない（あるいは、重複する）
ものを目指すなど、多彩なバリエー
ションが存在する。正解数は2つの
ものから100を超えるものまでさま
ざまで、「日本三景」「シェイクスピ
アの四大悲劇」「春の七草」「山手線
の駅名」「88星座」「118の元素」
などの多答ベタも存在する。

人物　クイズ作家

田中 健一
たなか けんいち

クイズ王、クイズ作家（1970〜）。第
16回『アメリカ横断ウルトラクイズ』
で優勝。福澤朗アナから「ミニラ田
中」と命名された。「勝抜杯」3度
優勝、「知識検定」1級3年連続1
位などの実績を誇り、作家としては
『TVチャンピオン』の「クイズ作

家王選手権」で優勝。著書に『田中
健一の未来に残したい至高のクイズ
Ⅰ・Ⅱ』、問題集『QuizistA』シリ
ーズ。東京ヤクルトスワローズとカ
ピバラを愛する。

人物　　司会者

谷原 章介
たにはらしょうすけ

俳優（1972～）。『アタック25』の3
代目司会者。2015年から2021年
の番組終了まで続け、BS放送の『ア
タック25 Next』でも司会を務める。
2006年にドラマ『トップキャスター』
で初代司会者・児玉清と共演し、親
交も深かったという。

用語　　専門

ダブルチャンス
だぶるちゃんす

早押しクイズで1つの問題に2人ま
で解答権があること。シングルチャ
ンスに対する言葉。早押し機によっ
ては2番目に押した人まで判定する
「2着判定機能」を持つものも。

団体　　サークル

玉Q
たまきゅー

埼玉県を拠点として活動するクイズ
サークル。2005年に市川尚志らが
創設。中学生から60代までの幅広
い年代が参加し、中野亨、能勢一幸、

大森孝宏、渡辺匠、伊沢拓司ら多くの強豪プレーヤーが在籍。地元で開催される「武蔵浦和クイズフェスタ」のサポートも行う。

人物　プレーヤー

田村 正資
たむら ただし

開成高校出身のクイズプレーヤー（1992〜）。高校入学後にクイズを始め、3年生の時に後輩の伊沢拓司、大場悠太郎と共に第30回『高校生クイズ』にチームリーダーとして出場し、同校初の優勝を成し遂げた。クールで知的なキャラクターで人気を集め、放送直後の文化祭では約6000人がクイズ研究会のブースに押し寄せたという。東京大学大学院では、フランスの哲学者メルロ＝ポンティを研究。現在はQuizKnockのサービス開発に関わる。

番組　テレビ

『タモリの音楽は世界だ』
たもりのおんがくはせかいだ

テレビ東京系列の音楽クイズバラエティー番組（1990〜1996）。司会はタモリ（自らトランペットを演奏する場面も）。あらゆる音楽にちなんだクイズが出題され、シンキングタイムのBGMや正解音などはバンドの生演奏だった。早回し、遅回し、逆回しなどで流された曲名を当てる「デジタモドン」が人気を集め、音源を収録したCDも発売された。

用語　専門

短文
たんぶん

問題文が短い早押しクイズの問題。1990年代後半に長文クイズが誕生するまではなかった概念。何文字までという定義はないが、一般的には、前振りが1つまでの問題を指す。例えば「『芸術は爆発だ』という名言を残した、代表作に『太陽の塔』などがある芸術家は誰?」は1つの振りが付いた短文問題に分類される。5秒以内に問題と解答を完了する『タイムショック』も短文問題。こちらは「『芸術は爆発だ』。誰の名言?」くらいの短文になる。

団体 ｜ サークル

短文クイズサークルＡ
たんぶんくいずさーくるあ

2005年に設立された、関東地方を拠点に活動するクイズサークル。学生と社会人の交流サークルで、毎月担当者を決めて例会を開催している。「abc」優勝者の片岡桂太郎、古川洋平、大美賀祐貴、佐谷政裕ら実力者が多数在籍。過去にサークル対抗戦の「天」を２度制した。

用語 ｜ 専門

地下クイズ
ちかくいず

クイズのジャンルの１つ。ゴシップ、犯罪、オカルト、性などが含まれる。BSスカパー！で放送された番組『BAZOOKA!!!』の「地下クイズ王決定戦」をきっかけに広まった名称。

用語 ｜ 番組

地球押し
ちきゅうおし

クイズ番組『東大王』の衛星写真からのズームアップで世界遺産を答える問題で、ズームアップ前の地球の段階でボタンを押して答えること。最初に披露したのは伊沢拓司。

その他

知識検定
ちしきけんてい

2019年に第１回が実施された、"この世のすべて"を出題範囲とする検定試験。毎年２月頃に実施。１級、２級ともに10ジャンルの４択問題を出題。１級は合計1000問を５時間で解くため、知力に加えて長時間問題を解き続ける体力も必要となる。２級は合計250問を80分で解答。合格には１級、２級ともに７割かつ、全ジャンル４割以上の正解が条件となる。2023年の第５回はオンライン開催となり、１級・２級の区別がなく、問題数も500問に変更となった。

用語 ｜ 専門

チャージ
ちゃーじ

早押しクイズにおいて、相手が勝ち抜けそうになった局面で、先に押し

て解答権を奪う行為。例えば７○３×クイズで残り勝ち抜け枠が１となり、Ａさんが６○２×、Ｂさんが５○０×という局面であれば、Ｂさんは２度、誤答覚悟でボタンを押してチャージをかけることができる。勝負どころで相手の得意ジャンルの問題が出題されたときに、前振りのかなり早い段階で、問題をつぶすように押す行為もチャージの一種。

用語　一般

チャレンジ
ちゃれんじ

主に早押しクイズで、正誤判定に疑義がある場合などに確認を求めること。テニスやレスリングなどのスポーツ用語に由来する。大会によっては、「次の問題に移行するまでの間のみ可能」「１セットに１回まで、ただし訴えが認められた場合は再度チャレンジ可能」など、細かい規則が定められていることもある。

用語　専門

中文
ちゅうぶん

問題文の長さが短文と長文の間くらいのクイズ問題。明確な定義はないが、大会の問題傾向を告知する際などに用いられる表現。

用語　専門

長文
ちょうぶん

問題文が長いクイズ問題。厳密な基準はないが、前振り、中振り、後限定で構成されている問題を指すこともある。

用語　形式

通過クイズ
つうかくいず

早押しクイズの形式。設定されたポイントに到達すると、勝ち抜けを懸けた通過席に立ち、そこで正解すると勝利。通過席で誤答したときや他の人に正解されたときは一般席に戻る。『アメリカ横断ウルトラクイズ』では準決勝（４人→２人）で行われることが多く、「通せんぼクイズ」という名称で人気に。一般席の誤答のペナルティーは、『ウルトラクイズ』では主に－１ポイントだったが、一

般席でチャージをかけまくった結果、回復不能の点数に陥ることも。

人物 架空

鶴岡 政栄
つるおか まさえい

お笑いトリオ「ロバート」の秋山竜次がクリエーターズファイルで演じた「元祖クイズキング」。1990年代に一世を風靡したクイズ番組『ザ・クイズ・ジャパンカップ』で計6度のクイズキングに輝き、「先読みの貴公子」と呼ばれた。実際にいそうなキャラクターで、クイズ界でも話題となった。

人物 プレーヤー

鶴崎 修功
つるさき ひさのり

クイズプレーヤー（1995〜）。2023年春、東京大学大学院数理科学研究科博士課程を修了。『東大王』では最初の特番（2016）で優勝し、レギュラー初回から2023年3月まで出演（2020年から大将）。理系問題、ひらめき問題を得意とする。著書に『カジュアルな算数・数学の話』。父は

鳥取大学名誉教授の動物分類学者、母はオペラ歌手。

用語 専門

手垢問題
てあかもんだい

⇒ベタ問題

用語 専門

DP
でぃーぴー

⇒ドライバーズポイント

ツール

Discord
でぃすこーど

音声通話やビデオ通話ができるオン

ラインコミュニケーションツール。主にゲーマーが用いていたが、オンラインクイズ用ツールとしてクイズ界にも広まった。

ウェブサイト

できたて！ニュースクイズ
できたてにゅーすくいず

クイズ作家の田中健一が運営する時事問題ブログ。毎日23時55分、その日のニュースに基づいたクイズを公開。2013年9月1日から毎日更新され、年間の問題数は約3000問に及ぶ。また、クイズの前の枕の部分では、旅やグルメを中心とする日記も綴られている。

用語　専門

〜でしょう？
でしょう

クイズの問題文の語尾。「〜は何？」「〜を何という？」という語尾に対し、読み上げ問題では丁寧な印象を与える。『アタック25』などテレビ番組では一般的。「〜でしょう？」を採用する「abc」の影響もあり、若い世代のプレーヤーが用いることが多い。

用語　専門

徹クイ
てつくい

徹夜でクイズをすること。麻雀の徹マンにあたり、大学生の部屋などで行われることが多い。徹クイ中に早押しボタンを握ったまま寝落ちするプレーヤーの中には、わかった問題が聞こえたときに指が動き、寝言のように答えを言う猛者もいる。

用語　専門

デリバティブ
でりばてぃぶ

既存の問題から派生して作られた問

題のこと。「デリ」とも。問題文の前振りに登場する単語を答えにして作問する場合は「前振り昇格」とも呼ばれる。

書籍　クイズ本

『TVクイズ番組攻略マニュアル』
てれびくいずばんぐみこうりゃくまにゅある

2002〜03年にシリーズ3冊が刊行されたクイズ本。著者はクイズ番組研究会及びフレームワークジェイピー。いずれも1000問以上のクイズを収録しており、「マニュアル」の通称でプレーヤーに重宝された。

番組　テレビ

『TVチャンピオン』
てれびちゃんぴおん

テレビ東京系列のバラエティー番組（1992〜2008）。司会は田中義剛、松本明子。毎回1つのテーマを決め、腕に覚えのある人たちが真剣勝負でチャンピオンを目指す。2006年には「クイズ作家王選手権」が放送され、「10人のうち5人が正解するクイズを作る」「各分野の達人にちなんだ2択クイズを作る（達人が判定）」「答えが知りたいと思わせる3択クイズを作る（50人の審査員が判定）」の3ラウンドを経て、田中健一がチャンピオンに。以後、田中はスタッフとして「ゆるキャラ日本一決定戦」などのクイズ作成に関わった。

大会

天
てん

元々は2002年にTBS系列で深夜に放送された視聴者参加型クイズ番組。司会は山口達也。団体戦で、大学サークル編では京都大学、社会人サークル編ではグランドスラムが日本一に輝いた。その後、2007年の「クイズサークル博覧会」でグランドスラム主催の「天2 〜クイズサークル日本一決定戦〜」が団体戦のオープン大会として開催され、以降は優

勝したサークルが次回大会を主催するという形で継続している。

番組 `テレビ`

『天才クイズ』
てんさいくいず

中部日本放送のクイズ番組（1967〜2004）。司会は久里千春→高松しげお→斉藤ゆう子→林家こぶ平（現・林家正蔵）。「天才博士」が10問の○×クイズを出題。小学生が「○×帽子」で答え、「天才賞」を目指すという内容。東海ローカルだったが、37年間にわたって放送され、2012年に『アタック25』に抜かれるまで最長寿クイズ番組だった。

書籍 `その他`

電子書籍
でんししょせき

パソコンやスマートフォン、タブレットなどで閲覧できる書籍。2010年代以降、PDFなどで販売される電子書籍のクイズ本が増えている。「クイズ宅配便（Q宅）」や「BOOTH」などのサイトで購入が可能。

用語 `形式`

10by10
てんばいてん

オープン大会「abc」のコース別クイズ「Number 10」で実施される名物形式。プレーヤーは正解ポイント0、誤答ポイント10の状態からスタートし、正解すると正解ポイントが+1、誤答すると誤答ポイントが-1となる。正解ポイントと誤答ポイントを掛け算して100ポイントに到達したら勝ち抜け。

用語 `専門`

問い読み
といよみ

問題を声に出して読むこと、または読む人。大会や例会の早押しクイズでは、テレビ番組のジングルの代わりに「問題」とコールしてから読み始めることが多い。問題文を読むうえで、アクセントや抑揚を重視する意見もあるが、適度なスピードで、はっきり、大きな声で読めば、ほとんどの問い読みは成立する。サークルの例会では企画者が問い読みと正

誤判定を兼任することが一般的だが、大きなクイズ大会では司会者、問い読み、正誤判定を別々の人が担当することが多い。

東京大学クイズ研究会
とうきょうだいがくくいずけんきゅうかい

東京大学のクイズサークル。略称はTQC。1982年創設。2010年代以降、進学校で中学・高校時代にクイズを始めた人たちが続々加入し、日本屈指の強豪サークルに。オープン大会「abc」では青木寛泰、鈴木淳之介、加瀬主税、寺内一記が優勝。団体戦の「EQIDEN」では4度優勝。『アメリカ横断ウルトラクイズ』の優勝者・田中健一、「東大王」の伊沢拓司、鶴崎修功、水上颯らを輩出している。

『東大王』
とうだいおう

TBS系列のクイズ番組（2016〜）。2016年に特番で放送され、2017年からレギュラー。司会はヒロミ、山里亮太。東大王チームと芸能人チームが団体戦で対決し、さまざまなクイズに挑戦する。東大王チームは、特番で優勝した「初代東大王」鶴崎修功に伊沢拓司、水上颯、鈴木光を加えた4人が初期のメンバー。以後、メンバーの変遷を経て現在に至り、最初に卒業した伊沢拓司は解説者や芸能人チームの助っ人として参加することに。クイズの形式では「早書きバトル」「スピードアンサー」「難問オセロ」などがおなじみ。

徳久 倫康
とくひさ のりやす

クイズプレーヤー（1988〜）。『クイズマジックアカデミー』から競技クイズの世界にのめり込み、数々のオープン大会を制した現在では「競技クイズ界最強の男」の異名をとる。2015年から8年連続でオープン大会の最多勝を記録しており、2022年には14大会を制した。ハンドルネームの「しんほむら」も有名。好物は餃子。

飛びリーチ
とびりーち

早押しクイズで失格のリーチとなること。7○3×クイズなら、2×をつけた状態。「トビリー」とも。

用語 専門

飛ぶ
とぶ

失格形式のあるルールで失格すること。7○3×のルールなら、3回誤答すると「飛ぶ」ことになる。

用語 形式

ドボンクイズ
どぼんくいず

ある条件に沿った複数の選択肢が提示され、挑戦者が順番に該当すると思う選択肢を選んでいくクイズ形式。選択肢の中にはダミーが含まれ、選ぶとドボンで失格となる。テレビ番組では『Qさま!!』などでおなじみ。『99人の壁』では「ババ抜きサドンデスクイズ」という名称だった。

小学校一年生で習う漢字を選べ

王	貝
車	丸
森	竹

ドボンは1つ

用語 形式

トマト戦争
とまとせんそう

第13回・第14回『アメリカ横断ウルトラクイズ』で、標高約3000mの高地にあるツインレークスで行われた、村おこしイベントを取り入れたクイズ形式。問題が読まれ始めたら、両脇から軍人に見立てたトマト兵がトマトを投げてくる中を突き進み、40m先の塹壕の早押しボタンを目指す。挑戦者は酸素の薄い場所で何度も往復を強いられるハードな形式だった。

用語　専門

ドライバーズポイント
どらいばーずぽいんと

サークルの例会などで、ラウンドでの順位に応じて与えられるポイント。モータースポーツ由来の用語で、「DP」と略される。例会では「特定のラウンドまでは全員が参加でき、準決勝以降は獲得DPの上位n名が進出」などとすることが多い。

ゲーム

『トリビアル・パスート』
とりびあるぱすーと

クイズをテーマにしたすごろく形式のパーティーゲーム。サイコロを振ってコマを進め、止まったマスの色に応じたジャンルのクイズに解答する。ジャンルは「地理」「娯楽」「歴史」「芸術」「科学」「趣味」で、6ジャンル全てで正解すれば勝ち。クイズは1枚のカードに6ジャンルの問題が1問ずつ記載され、総問題数は6000問。問題数には限りがあるが、難問も多くなかなか覚えきれないため、何度でも楽しむことができた。

ツール

Dropbox
どろっぷぼっくす

オンラインストレージサービス。クイズの問題共有のために多用される。クラウドサービスが進化することで、問題が出回るスピードは格段に速くなった。強豪のクイズ研究会やクイズサークルのクラウドには数万問が蓄積されており、入会してファイルを共有できるようになると、瞬時に大量の問題に触れることが可能になる。

どろんこクイズ

どろんこくいず

『アメリカ横断ウルトラクイズ』のグアムで行われた名物形式。砂浜に大きな○と×のボードが立てられ、挑戦者が走ってボードに飛び込むと、正解側にはマット、誤答側には泥のプールが待ち受けている。6年ぶりに復活した1998年の回では、西インド諸島の決勝で行われた。海外が舞台となった2010年代中盤の『高校生クイズ』では、2人で飛び込む「友情○×どろんこクイズ」として実施。近年のバラエティー番組でも同様の企画が採用されている。

クイズの勉強法・後編

一人でできる早押しのトレーニング

　早押しの練習にも触れます。**クイズ研究会**に所属している学生さんは、早押しの実戦機会に恵まれていると思いますが、そういうサークルに所属していなかったり、時間に追われたりする社会人の皆さんは、そうもいきませんよね。

　スポーツの世界には「練習は試合のように、試合は練習のように」という格言があります。クイズも同様です。普段の生活空間で、できるだけ実戦の場に近い環境を作ることが肝要です。まず、**早押しクイズ**の場に**ICレコーダー**を持ち込み、録音します。その後、ICレコーダーに録音されている問題を1.3倍速にして聞いて、ボタンを押し、早押しの疑似練習をします。ICレコーダーには「聞き逃しボタン」というものがついている機種があり、1秒や2秒（設定可能）巻き戻すことができます。他のプレーヤーが押したところより早く「聞き逃しボタン」を押せたら勝ち、という疑似体験ができます。これを使えば、移動中でも早押しの強化ができます。あくまで私がしていたトレーニング法で、他のプレーヤーは、もっと効率的にやっていると思います。学生の頃は、カセットテープに録音したクイズの音声を流しながら布団に入り、早押しボタンを握りながら、わかったところで押して、いつのまにか寝ているという日々を過ごしていました。

耳と目の両方で問題に接する

　「複数の器官を使用する」ことも効果的とされます。一度、早押しクイズとして耳で聞いた問題を、その後に文字情報として視覚的に確認すると、記憶に定着しやすいとされています。クイズに強くなるためには、「復習」の概念は欠かせず、わからなかった内容の調べ直しなども有効となります。私事となりますが、このあたりのメソッドを重視したオンラインのクイズトレ

ーニングジム「QUIZBASE」を2022年秋に立ち上げました。不定期開催ですが、初心者・中級者を中心に参加者を募集しておりますので、興味がある方は、Twitterなどで検索してみてください。

多様化する出題

　ここまで紹介してきたストイックな勉強法は「一度聞いた問題を正解できるようにする」という既出問題の対応を前提としたトレーニングです。一方で、現在のクイズの世界（**オープン大会**を軸にお話しします）では出題傾向、出題範囲の多様化が進んでいます。学生を対象とした日本最大規模の大会「**abc**」は「新世代による基本問題実力No1決定戦」をうたっていますが、ここでの「**基本問題**」は、本書で立項したとおり、実社会での認知度に即した内容を問うているという考え方で、「**ベタ問題**」ばかりが出題されるという意味ではありません。「abc」以外の大会でも、出題の切り口は進化しています。2023年2月に山上大喜さん主催で開催されたオープン大会「いろは3」では、次の問題で優勝が決まりました。

　「2016年の作品では隕石の落下、20／19年の作品では豪雨災害、2022年の作品では地震を描いた、日本を代表するアニメ監督は誰？（新海誠）」

　多くの人になじみ深い題材を、工夫された切り口で、うまくクイズの形に料理された問題です。この問題は「／」でボタンが押され、正解が出ました。解答者側も、さまざまな世界にアンテナを張り巡らせ、地頭の良さとともに情報探索範囲の広さが要求される傾向にあります。出題者視点に立った、多角的な問題制作も、強化につながるでしょう。

知行合一の考え方

　クイズの勉強の話ばかり書いてきましたが、それだけではつまらないという方も多いでしょう。社会人になると、暗記やトレーニングに割ける時間も限られます。そもそも、勉強だけがクイズの楽しみ方ではありません。

　そこで、もう1つ大事になるのが「世の中のことを体系的に知る」行為で

す。「読書」「テレビ・新聞などメディアに接する」「クイズに出題されそうなことの体験」などが該当します。

　陽明学で語られる「知行合一」という言葉をご存じでしょうか。「知識と行為は一体である。本当の知は実践を伴わなければならない」という意味です。

　さまざまなクイズプレーヤーを見てきて、クイズに強くなれる性格として「何でも面白がれること」が挙げられると感じています。どのような**ジャンル**でも満遍なく答えられる方は「そんなこと、自分は興味ないし」と敬遠しません。「え、それ、面白そうだね」と、どんなことでも興味を持ち、その世界のことを調べる習慣を持っています。知らない世界の扉をノックして実際に体験することが理想かもしれませんが、その世界のことに興味を持って少し触れるだけでも、クイズには大きく役立ちます。

　「クイズは人生を肯定してくれる」という表現があります。人生のなかで得た経験、食べたもの、読んだ本、訪れた街、友人との会話、あらゆることが武器となるのがクイズです。映画『**スラムドッグ＄ミリオネア**』や、直木賞作家・小川哲さんの『**君のクイズ**』は、解答者が送ってきた人生が解答のヒントになるシーンが多く描かれます。

　このような背景があり、勉強で得た知識も、人生経験でつかんだ経験も、クイズの舞台では効力を発揮します。クイズを勉強する過程で実力をつけた学生と、さまざまな人生経験を通じて知識を身につけた社会人が、無差別級で戦うことができるのがクイズの魅力とも言えます。出題される問題傾向やルールは千差万別で、常に特定の人が有利になるということはありません。

　そして「勉強して答えて偉い」「経験で答えてすごい」といった意見は、当人の価値観の違いもあり、どちらが正しいかと議論するものではないと考えます。「どちらも尊い」が正解だと思います。（三木智隆）

人物 （プレーヤー）

永田 喜彰
ながた よしあき

クイズ王（1963〜）。第13回『アメリカ横断ウルトラクイズ』準優勝、『FNS1億2,000万人のクイズ王決定戦!』2度優勝など、1990年代前半のクイズ王ブームをけん引した。『クイズ＄ミリオネア』でも、1000万円獲得。『ウルトラクイズ』ではMr.マリックの記憶術で敗者復活。準決勝のウイニングアンサー「冬虫夏草」にちなんで、SNSなどでは「とうちゅう」と名乗っている。ゲーム『クイズマジックアカデミー』のプレーヤーとしても長く活躍し、現在もKONAMIの公式大会の解説を担当している。

書籍 （クイズ本）

『永田喜彰のクイズ全書』
ながたよしあきのくいずぜんしょ

永田喜彰が1992年に著したクイズ本。「即戦力を徹底強化する『実践1400問』」というサブタイトルがつけられている。『クイズは創造力〈問題集篇〉』と同様に、掲載された基本問題400問は当時のクイズプレーヤーが覚え込んだ良質のベタ問題として評価が高い。

人物 （文化人）

長束 恭行
ながつか やすゆき

サッカージャーナリスト、通訳（1973〜）。1990年代のクイズ番組で活躍し、『史上最強のクイズ王決定戦』ではクイズ王・西村顕治を追い詰める好勝負を演じた。「同志社大学クイズラバーズ」の創設者で、学生クイズ王にも輝いている。大学卒業後は銀行員を経てジャーナリストになり、クロアチアに長年在住。著書『東欧サッカークロニクル』は2018年度の「ミズノスポーツライター賞」優秀賞を受賞した。

人物 （クイズ作家）

長戸 勇人
ながと はやと

第13回『アメリカ横断ウルトラクイズ』で優勝したクイズ王（1965〜）。カリスマ的な人気を誇り、「ウルト

ラクイズ史上最強のクイズ王」と呼ばれた。『クイズは創造力』三部作は、クイズ問題だけでなく、クイズを理論的に解説した画期的な著作として、ベストセラーとなった。現在もクイズ作家やクイズプレゼンターとして活躍。横浜DeNAベイスターズの熱狂的なファン。

人物　クイズ作家

仲野 隆也
なかの たかや

クイズ作家（1966〜）。クイズの制作会社「セブンワンダーズ」、クイズの総合商社「キュービック」の代表取締役。名古屋大学クイズ研究会出身で、FMラジオのディレクターを経てクイズ作家に。20年以上にわたって問題監修を務める『タイムショック』をはじめ、数々のテレビ番組やイベントに携わる。蔵書量の多さでも知られ、経営する東京・下北沢のブックカフェ「RBL CAFE」の本棚には約7000冊の本が並ぶ。

人物　芸能人

長濱 ねる
ながはま ねる

アイドルグループ「けやき坂46」及び「欅坂46」の元メンバーであるタレント（1998〜）。長崎西高校時代に『高校生クイズ』で県大会の決勝に進出したことがある。

ツール

長屋クイズアリーナ
ながやくいずありーな

「ぽーまん」が開発したオンラインクイズ支援ツール。全部で64のルームからなり、音声通話アプリと組み合わせてルーム内で早押しクイズを楽しむことができる。

団体　サークル

名古屋大学
クイズ研究会
なごやだいがくくいずけんきゅうかい

名古屋大学のクイズサークル。第13回『アメリカ横断ウルトラクイズ』で準決勝ボルティモアの激戦を演じた秋利美紀雄らによって1984年に

創設。クイズ作家の仲野隆也、「早押しの鬼」として一時代を築いた加藤禎久、第2回『THEクイズ神』優勝の安藤正信らを輩出した。立命館大学との対抗戦「名立戦」は30年以上続けられている。

用語 専門
なぜ山
なぜやま

⇒ジョージ・マロリー

ゲーム
『謎王』
なぞおう

1996年にバンダイビジュアルから発売されたプレイステーション用のクイズゲーム。監修を務めたのはクイズ作家の道蔦岳史。のちに続編の『超謎王』もリリースされた。

用語 一般
謎解き
なぞとき

専門的な知識を使わず、ひらめきなどを駆使して問題を解くこと。問題そのものは「謎」と表現される。株式会社SCRAPは謎解きを通した「物語体験」として、リアル脱出ゲームを展開し、大ブームとなった。SCRAPが開催する「謎検」という検定もある。

用語 一般
なぞなぞ
なぞなぞ

とんちが必要となる問題を出し、相手に答えさせる遊び。同じ「カラス」が正解になる問題でも、「童謡『夕焼小焼』に出てくる鳥は？」はクイズ、「花を育てるのが下手な鳥は？」はなぞなぞ。いわゆる「知識クイズ」とは区別されるが、クイズ作家はなぞなぞ作成の仕事の依頼を受けることもある。

用語 専門
ナチュラル知識
なちゅらるちしき

普段の生活、仕事、読書、旅行などを通じて自然な形で得た知識。「素の知識」とも。ベタ問題が多いスピード優位のクイズでは生かしにくいが、高速の早押しと同様に、ナチュ

ラル知識による単独押しも、クイズ大会の大きな見せ場となる。

用語　形式

７０３×
ななまるさんばつ

７問正解で勝ち抜け、３問誤答で失格となる早押しクイズの形式。略称は「ナナサン」。『史上最強のクイズ王決定戦』で採用され、早押しの王道的なルールとなった。クイズの戦術的な側面が研究されると、誤答の×をどのように使うかという戦略も注目されるようになった。

書籍　漫画

『ナナマル サンバツ』
ななまるさんばつ

『ヤングエース』（KADOKAWA）に連載された杉基イクラの漫画（2010～2020）。略称「ナナサン」。読書家の高校１年生・越山識がクイズ研究会に所属して成長する姿を描く。作者の杉基イクラは高校のクイズ研究会での取材を重ね、現実的なクイズの世界を描いた。テレビアニメ化や舞台化もされ、この作品をきっかけにクイズ研究会に入った、クイズ研究会を作ったという高校生も多い。

用語　形式

並べ替え
ならべかえ

複数の選択肢を、問題文に記された順番に並べ替えるクイズ。「次の都市を東から順に並べ替えなさい。名古屋、東京、福岡、大阪」など。他に、アナグラムされた文字列を見て元の単語を答える形式も「並べ替えクイズ」と呼ばれることがある。

番組　テレビ

『なるほど！ザ・ワールド』
なるほどざわーるど

フジテレビ系列のクイズ番組（1981～1996）。レギュラー終了後も特番で放送。レギュラーの司会は愛川欽也と楠田枝里子。2人1組の芸能人チームが世界各地のレポートから出題されるクイズに挑戦。階段状の解答席が特徴で、上段のチームから順に口頭で解答し、正解すると上段に移動できた。愛川の「おまっとさんでした！」「はい、消えた！」などのセリフでもおなじみ。海外旅行の権利を懸けたプロのマジシャン「トランプマン」のゲームも名物に。

用語　　一般

難問
なんもん

難しい問題。なお、難問であっても出題頻度が高い問題は「難問ベタ」と呼ばれ、正解率自体は高いことが多い。対義語は易問（読みは「いもん」または「えきもん」）。

人物　　文化人

西沢 泰生
にしざわ やすお

作家（1962～）。第10回『アメリカ横断ウルトラクイズ』で準優勝するなど、数々のクイズ番組で活躍。会社員時代に社内報の編集を担当する中で、さまざまなエピソードに精通し、名言や雑学に関する本を著す作家に。著書『壁を越えられないときに教えてくれる一流の人のすごい考え方』は、大谷翔平がプロ入り後初のキャンプに唯一持ち込んだ本として話題になった。

番組　　テレビ

『20世紀
クイズ王決定戦』
にじっせいきくいずおうけっていせん

TBS系列の年末特番の一企画（1998）。司会は渡辺正行、進藤晶子ら。出題されるのは全て20世紀に関するクイズで、全国7地区の予選を勝ち抜いた70人と芸能人17人が『オールスター感謝祭』のセットを

使った本戦に。予選・本戦とも生放送で行われた。本戦では映像や画像を駆使したクイズに多くの強豪プレーヤーが苦戦。石野まゆみが優勝し、賞金200万円を獲得した。

人物　　　文化人

西村 顕治
にしむら けんじ

クイズ王（1965〜）。早稲田大学クイズ研究会出身で、日本経済新聞社に勤務。『史上最強のクイズ王決定戦』で5度優勝。同番組で披露した、問題の読み始めから0.9秒で押した「アマゾン川で／」「ポロロッカ！」は伝説の解答として知られる。横方向にフォロースルーする豪快な早押

しアクションと、「かかってきなさい！」などの名言で、1990年代前半のクイズ王のアイコン的な存在となった。

用語　　　形式

二重音声クイズ
にじゅうおんせいくいず

2人の出題者が同時に別の問題を読み、2問ともに解答するクイズ。元々は『アメリカ横断ウルトラクイズ』で行われた形式で、問題文が途中まで同じだったり、正解が韻を踏んでいたり、何らかの共通項があるものが多い。「聖徳太子クイズ」などと呼ばれることもある。

番組　　　ラジオ

『二十の扉』
にじゅうのとびら

NHK（ラジオ・テレビ）のクイズ番組（1947〜1960）。アメリカの番組『Twenty Questions』がモデル。司会は藤倉修一。動物、植物、鉱物の3つのテーマから出題され、5人の解答者は司会者に質問（20個まで）を繰り返しながら正解に迫っていく。問題は全て聴取者から寄せられたも

のだった。

二人羽織クイズ
ににんばおりくいず

2人1組で挑戦する早押しクイズの形式。1人がボタンを押し、もう1人が答える。「ここまで聞けば相方はわかるだろう」というポイントを見極めてボタンを押す必要があるため、高度な判断力が要求される。名前の由来は宴会などで行われる余興。

日本クイズ協会
にほんくいずきょうかい

クイズ大会やクイズに関する調査・研究などを通じて、文化の普及と発展、青少年教育の振興などに寄与することを目的として2016年に設立された団体。代表理事は齊藤喜徳。高校生向けの「ニュース・博識甲子園」、年齢制限のない「JQSグランプリシリーズ」などのクイズ大会を主催。2022年には「クイズ検定」をスタートさせた。

ニュース・博識甲子園
にゅーすはくしきこうしえん

日本クイズ協会が2018年から開催（GMOメディア、Z会、スマートニュースなどが協賛）している高校生のクイズ大会。高校生が3人1組で参加し、予選上位チームが全国大会進出。全国大会では、早押しクイズ、ボードクイズなどで優勝校を決める。第1回〜第5回の優勝校は、栄東、大阪星光学院、慶應義塾、開成、東大寺学園。

ニューヨークスタイル
にゅーよーくすたいる

1対1で対戦し、先に10ポイントを獲得したら勝利となる早押しクイズの形式。誤答は－1ポイントとなる。ニューヨークで行われた『アメリカ横断ウルトラクイズ』の決勝で採用されたことが名前の由来。

ネームプレート
ねーむぷれーと

クイズ大会で用意される名前が書かれた紙。「abc」の影響を受けた大会では、片面に氏名や所属、もう片面に順位や大会名が書かれた白地の紙を色画用紙に貼り付けたものが多く用いられる。予選通過者のみネームプレートを手にすることが多く、大会後にSNSでアップしたり、自室にこれまでの獲得ネームプレートを飾ったりするプレーヤーも。

番組 テレビ

『ネプリーグ』
ねぷりーぐ

フジテレビ系列のクイズ番組（2003〜）。司会（声のみ）はアナウンサーが担当。ネプチューンのメンバーを含むチームとゲストチームが5人1組で対決。順番に解答する「ブレインタワー」、5文字の言葉を当てる「ファイブリーグ」、多答クイズの「ファイブボンバー」など、チーム戦ならではの人気クイズを多数生み出し

た。優勝チームはボーナスステージ「トロッコアドベンチャー」に挑戦し、5問の2択クイズをクリアすると賞品獲得となる。

用語 専門

ノーカウント
のーかうんと

クイズの出題を無効にすること。「ノーカン」と略される。問題不備があったときや、出題者が問題を読み間違ったとき、正誤が確定できなかったときなどに行われる。正解が取り消されることも多いが、出題者が「ノーカンでお願いします」と言ったときは、解答者は判定に従い、次の問題に臨むのがマナーとされる。

人物 プレーヤー

能勢 一幸
のせ かずゆき

埼玉県庁職員のクイズ王（1969～）。一橋大学クイズ研究会の同門対決の決勝となった第15回『アメリカ横断ウルトラクイズ』（1991）で優勝し、『クイズ＄ミリオネア』（2001）でも1000万円を獲得した。『ウルトラクイズ』優勝後のファンレターは6000通届いたという。埼玉県主催のイベント「埼玉クイズ王決定戦」では、「埼玉が誇るクイズ博士」として問題監修などを行っている。

書籍　クイズ本

『能勢一幸のクイズ全書』
のせかずゆきのくいずぜんしょ

クイズ王・能勢一幸が著したクイズ本。1993年発売の「I」は、能勢が制した第15回『アメリカ横断ウルトラクイズ』の参戦記が記され、翌年発売の「II」は、「来るべきクイズブームに備える1400問」が掲載された。「II」のあとがきに「クイズブームはしばらくの間、おとなしくなりをひそめるでしょう」と記したとおり、視聴者参加型番組は激減した。

番組　テレビ

『Knock Out ～競技クイズ 日本一決定戦～』
のっくあうと きょうぎくいず にほんいちけっていせん

ファミリー劇場の視聴者参加型クイズ特番（2016～2018）。司会はやついいちろう。舞台は東京・新木場1stRINGのリングの上で、予選勝者ら8人の選手が優勝を目指してトーナメント形式で対決した。準々決勝は「アップダウン・セブン」または「タッグ・オブ・ウォー」、準決勝は「ボードクイズ」など、決勝は「10ポイント・スタック」。3回放送され、奥畑薫、鈴木淳之介、徳久倫康がチャンピオンに。2017年には「第7回衛星放送協会オリジナル番組アワード」の大賞を受賞した。

競技クイズ必勝法

強　豪ひしめくクイズ大会で結果を残すにはどのような工夫が必要でしょうか。考えてみたいと思います。

「大会に慣れる」

　日常的なクイズと大会のクイズとでは、勝手が違うことが多いです。そのため、大会にたくさん出て独特の雰囲気に慣れることで、実力が発揮されやすくなります。また、日々の練習も本番を意識して取り組むようにすると良いでしょう。例えば**ペーパークイズ**の場合は、「本番と同様に時間をきちんと計る」「空欄を埋めることを心がける」「机の無い会場だった場合に備えて**クリップボード**を使って解いてみる」などです。

「目標とする大会の出題傾向をつかむ」

　クイズの大会には大会コンセプトに基づいた出題傾向があり、それは「**短文**基本」「**長文**難問」「**変化球**」など大会によってさまざまです。まずは、目標とする大会の過去問題集や、主催者が過去にリリースした問題集を読み込んで、大会の出題傾向をつかむのが重要です。傾向がつかめたら、対策問題を自作したり、この**前振り**だったら答えはこうじゃないか？などと予想しておいたりすると、より早いポイントでボタンを点けられるようになります。

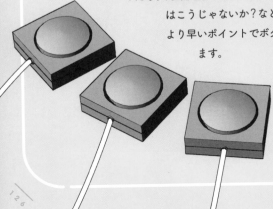

「直近の頻出問題をおさえる」

　大会において、クイズ歴の長いベテランが歴の浅い若手に負けるということは珍しくありません。出場制限の無い**フルオープン**においても、20代のプレーヤーが決勝の枠を独占することがよくあります。これは「若い人は反射神経が良い」「歴が浅い人の方が思い切りが良い」ということではないと私は考えています。直近1〜2年で十分に努力をしていればクイズ歴の差は容易に逆転することができ、（大会の出題傾向にもよりますが、）特に直近の頻出問題をきちんとおさえることが結果を残すことへの近道のように感じます。そのため、問題集を使ってクイズの勉強をする場合は、リリースが新しいものから優先して取りかかると効率的でしょう。

「自分に合った勉強法を続ける」

　クイズは努力が報われやすいスポーツだと思います。一定の強度でクイズの勉強を続けていれば、個人差はあるものの、誰しも結果を残すことは可能でしょう。そのため、大事なのはクイズを続けること、そしてモチベーションを維持することです。「Ankiを回す」「問題集を読み込む」「録音した音声を聴く」といったことだけでなく、「新聞を読む」「授業を受ける」「テレビを見る」といった日々の営みも、クイズ力をアップさせる立派なクイズの勉強です。これらを組み合わせて、無理のない範囲でクイズの勉強を続けることこそが、結果を残すことへの1番の近道かもしれません。（石野将樹）

大会

PERSON OF THE YEAR

ぱーそんおぶざいやー

2009年から開催されている学生向けのオープン大会。通称は「パーオブ」。2005年に終了した「Man of the Year」の晩年の傾向と同じ、学生系クイズの大会となっている。

用語 　一般

敗者復活戦

はいしゃふっかつせん

勝ち残り形式のテレビ番組やクイズ大会で、一度敗退した者を対象としたコーナー。『アメリカ横断ウルト

ラクイズ』で復活を果たした挑戦者は、「敗者復活」と書かれたたすきを掛け、以降のクイズに臨むこともあった。

用語 　専門

バカ押し

ばかおし

早押しクイズの問題文で、答えが1つに決まるポイントより明らかに早い段階でボタンを押すこと。「日本の総理大臣で／」「プロ野球で／」のような早押しが挙げられる。誤答のペナルティーが軽すぎたり、ボタンを持つ人が多すぎたりするときに発生しやすい。特にシングルチャンス形式では、企画者が用意した問題が無駄になるので注意したい。

用語 　形式

箱の中身はなんだろな

はこのなかみはなんだろな

解答者が箱に手を差し入れ、感触を頼りに中身を当てるクイズ形式。バラエティー番組の定番企画だが、元々は1969年のテレビ番組『スターびっくり箱』から広まった。この番組

では正解にたどり着くまでのあいだ女性ゲストのスカートをハサミで切っていくという、今では考えられないペナルティーが採用されていた。

パズル
ぱずる

文字の並び、図形、イラストなどを使った問題を解く遊び。数独、知恵の輪、ジグソーパズル、マッチパズルなどがある。クイズとは区別して捉えられることが多いが、クロスワードパズルのように、解答するために知識が必要なものも存在する。パズル作家やパズルの解き手が中心となって運営する「日本パズル連盟」という団体が存在し、「日本パズル選手権」を主催している。

×
ばつ

誤答を表す記号。クイズにおいては数字とセットで誤答数を表すこともあり、2問誤答で失格の形式は「2×失格」と呼ばれる。

『話の泉』
はなしのいずみ

NHKラジオのクイズ番組（1946〜1964）。アメリカで放送された『Information Please』がモデルで、最初期のクイズ番組の1つ。司会は徳川夢声→和田信賢（のぶかた）→高橋圭三→八木治郎→鈴木健二。聴取者から寄せられたクイズに博学の解答者たちが解答。放送開始当時は採用されると30円、正解が出ないと50円の賞金が出されたため、応募数は非常に多く、採用は1300通に1通だったという。

『パネルクイズ アタック25』
ぱねるくいずあたっくにじゅうご

⇒『アタック25』

パブクイズ
ぱぶくいず

イギリスのパブなどで行われるクイ

ズ。○曜日の○時というように日時を決めて実施。参加者はチームを組み、クイズマスターが出題する問題に対し、相談して筆記で解答する。

大会

早押王
はやおしおう

➡新人王／早押王

ツール

早押し機
はやおしき

早押しクイズにおいて、誰が早く押したかを判定する機械。市販品もあるが、クイズサークルなどでは愛好者が製作した本格的なものを使うことが多く、製作者の名前で呼ばれる「荒屋式」「高畠式」や、最近急速に普及している「早稲田式」などがおなじみ。出題者の手元の本体には正解、誤答、リセットのボタンがあり、解答者が手をかけるボックスにはボタンとランプがついたものが一般的。早押しクイズができるスマートフォン用のアプリや、状況によっては電卓（個々の数字ボタンを早押しボタンとして使う）も早押し機になりうる。

用語　形式

早押しクイズ
はやおしくいず

問題が読み始められたのち、最も早く解答意思を示したプレーヤーが解答権を得るクイズ形式。現在のクイズ界では最もスタンダードな形式とされる。通常は専用の早押し機が用いられ、解答者の誰かがボタンを押した（解答権を取った）瞬間に問題がストップすることが多い。

ツール

ハヤオシピンポンブー
はやおしぴんぽんぶー

パーティーグッズの早押し機。初代は最大6人で早押しクイズが楽しめるもの。現在販売中の3代目「スーパーハヤオシピンポンブー」は、本体に5つのボタンが接続でき、本体を5台連結して最大25人で使える。手軽に購入可能、電池で稼働、持ち運びが容易などの特徴から人気があったが、最近は本格的な早押し機が

入手しやすくなったこともあり、ほとんど見かけなくなった。

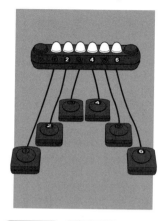

早押しボード
はやおしぼーど

クイズの形式。「早ボ」とも。早押しクイズの問題を読み上げ、誰かがボタンを押した時点でストップ。押した人を含む解答者全員がボードに答えを書く。最初にボタンを押した人は、他の人よりも正解時に入るポイントが多い反面、誤答のペナルティーが厳しいことが多い（例：早押し正解＋3、早押し不正解－3、ボード正解＋1、ボード不正解±0など）。

早立ち
はやたち

クイズの形式。早押しボードと似ているが、「早押し機を使用しない」「答えがわかったら『はい！』と発声し立ち上がり、ボードに答えを書く」「その際に他のプレーヤーも便乗して起立（「連れ立ち」という）してよい」「起立しなかったプレーヤーは最後まで問題を聞ける」などが特徴。神野芳治が考案し、主催大会「mono-series」などで採用している。

バラマキクイズ
ばらまきくいず

『アメリカ横断ウルトラクイズ』の名物形式。砂漠などの広大な場所で行われ、上空から問題が入った封筒がばらまかれる。挑戦者は走って封筒を取りに行き、持ち帰った封筒の問題を司会者が出題した。封筒の中には「ハズレ」と書かれた紙が入ったものもあり、番組コンセプトの「知力、体力、時の運」がバランス良く

必要とされる形式だった。

用語 〔専門〕

パラレル
ぱられる

早押しクイズにおける、「〇〇は××ですが、△△は何?」という形の問題。問題文の構成を平行線にたとえた表現。長戸勇人の『クイズは創造力』では、「複合並立型問題」という名称で説明されている。「ハンガリーの首都はブダペストですが、ルーマニアの首都はどこ?」「ブカレスト」という問題は「東ヨーロッパの国」「首都の名前が似ている」という共通点から、前振り部分でルーマニアの首都が問われることを予測できる。

用語 〔専門〕

判定基準
はんていきじゅん

クイズ大会などにおける順位決定の方法。勝ち抜け方式のラウンドで勝ち抜け者が定員に達しなかった際などに適用される。基準には正解数が多い順、「正解数−誤答数」が多い順、

(同点の場合)筆記予選の得点が高い順などが存在する。同点の場合は10１×などのサドンデスクイズが行われることも多い。

ツール

Peatix
ぴーてぃっくす

イベント管理システム。参加者の管理がしやすいという理由で、クイズ大会での利用が増加。同様の機能を持つYahoo!JAPANの「PassMarket（パスマーケット）」もよく利用される。旧来の大会は受付で参加費を払っていたが、クイズ大会でもキャッシュレス化が進んでいる。

番組 〔テレビ〕

『ビートたけしのお笑いウルトラクイズ』
びーとたけしのおわらいうるとらくいず

日本テレビ系列のバラエティー・クイズ特番（1989〜1996、2007）。司会はビートたけし。出場者は男性のお笑い芸人が中心。『アメリカ横断ウルトラクイズ』がモチーフになってはいるが、内容はまったく異な

り、体を張ったクイズが中心。○×爆破クイズ（不正解なら爆破される）、バス吊り下げアップダウンクイズのような過激なクイズもあったが、ダジャレクイズ（ダジャレが合格するまで温泉などから出られない）、人間性クイズ（ドッキリ）のように、もはや「クイズ」ですらないものも。

その他

久伊豆神社
ひさいずじんじゃ

さいたま市岩槻区の神社。名前が「くいず」と読めるため、クイズ番組制作者やクイズプレーヤーがよく参拝に訪れる。同名の神社は越谷市などにもあるが、第11回『アメリカ横断ウルトラクイズ』の会場となった岩槻の神社が、「クイズの聖地」として特に人気が高い。

久伊豆神社提供

用語　　形式

ビジュアルクイズ
びじゅあるくいず

画像や映像を用いて出題されるクイズ。テレビのクイズ番組では古くから採用されてきた。最近はインターネットで画像を簡単に探せることや、プロジェクタが容易に使用できるようになったことから、オープン大会や例会で凝った内容のビジュアルクイズを用意する企画者も増えている。

人物　　クイズ作家

日髙 大介
ひだか だいすけ

クイズ作家（1977〜）。『Qさま!!』『99人の壁』など、数多くの番組のスタッフを務める。作家活動と並行してオープン大会「Quiz Road Cup」を11回主催。2021年の『アタック25』最終回では決勝に進出。出題傾向を研究し、独特な問題文の構造を読みきった早押しで、アタックチャンスまでトップを走った。物まねタレントの栗田貫一の大ファンで、テレビ東京の番組『マヂカルクリエ

イターズ』では、芸人に交じって物まねを披露している。

番組 　テレビ

『日立 世界ふしぎ発見！』

ひたちせかいふしぎはっけん

⇒ 『世界ふしぎ発見！』

用語 　形式

筆記クイズ

ひっきくいず

学校の試験のような筆記形式のクイズ。ペーパークイズとも。クイズ番組、クイズ大会の予選などで行われる。一問一答や択一クイズが通例で、30問〜200問ほどの問題量で行われることが多い。

用語 　専門

日付問題

ひづけもんだい

クイズ番組の放送日や、クイズ大会の実施日当日の日付に関する問題。記念日や、その日に生まれた歴史上の人物などがよく出題対象となる。『アタック25 Next』では日付問題

がよく出題され、解答者側も予習をして臨むことが多い。問題文で日付について言及せずに出題する場合は「隠れ日付問題」と呼ばれる。

番組 　テレビ

『ぴったし カン・カン』

ぴったし かんかん

TBS系列のクイズ番組（1975〜1986）。司会は久米宏。2チーム対抗戦で、コント55号の坂上二郎がぴったしチーム、萩本欽一がカンカンチームのキャプテンを務めた。久米宏が正解の単語をぼかすために用いた「ほにゃらら」という言葉が広まった。後にリメイク番組として『ぴったんこカン・カン』（2003〜2021）

が放送されている。

一橋大学クイズ研究会
ひとつばしだいがくくいずけんきゅうかい

一橋大学のクイズサークル。略称は
HQS。国立（くにたち）キャンパスを中心に活
動し、同じく都内西部にキャンパス
を構える中央大学や東京都立大学と
交流がある。『アメリカ横断ウルト
ラクイズ』の優勝者・能勢一幸、
『FNS1億2,000万人のクイズ王決
定戦!』の優勝者・根岸潤らを輩出。

『100万円
クイズハンター』
ひゃくまんえんくいずはんたー

テレビ朝日系列のクイズ番組（1981
〜1993）。司会は柳生博。平日の朝
に放送され、比較的やさしめの問題
が多く出題された。4人（4組）の解
答者が早押しクイズに挑戦し、答え
がわかったらハンマーでボタンを叩
く独特の形式で解答。前半はパネル
に書かれた20ジャンルから出題され、
正解者はパネルの賞品を獲得。後半

は正解すると他のチームの賞品を横
取りできるため、高額な賞品が行っ
たり来たりする光景が見られた。

ヒントクイズ
ひんとくいず

複数のヒントから正解となるワード
を当てるクイズ。正解者が1人出た
ら終了となるルール、最後のヒント
までオープンして早く正解した人ほ
ど高得点が獲得できるルールなどが
ある。テレビのクイズ番組で採用さ
れることが多く、往年の番組『ヒン
トでピント』では「○分割クイズ」
というタイトルで人気を集めた。

『ヒントでピント』
ひんとでぴんと

テレビ朝日系列のクイズ番組（1979
〜1994）。正式名称は『象印クイ
ズ ヒントでピント』。司会は土居ま
さる。男性軍（5人）vs女性軍（5人）
がクイズで対決。問題はヒントが
徐々に表示される「分割クイズ」（4
分割、16分割など）、静止画や動画を使

った「テクニカルクイズ」（日本の番組で初めてモザイク処理を使ったと言われる）がメイン。キャプテンを務めた小林亜星、浅井慎平、中島梓、山内美郷らの驚異的な正解が話題となった。

書籍 販売

BOOTH
ぶーす

インターネット上で運営される「創作物の総合マーケット」。漫画、同人誌、関連グッズが幅広く売られているなか、2018年頃からクイズの問題集が販売されるようになった。ほとんどが電子書籍で、ダウンロード形式で販売されるため、問題集を購入し、すぐに読むことができる。2023年3月現在、商品一覧を「クイズ」で検索すると、2000以上の作品がヒットする。

人物 司会者

福澤 朗
ふくざわ あきら

フリーアナウンサー（1963〜）。日本テレビ在局中の1990年代に、福留功男の後継者として『アメリカ横断ウルトラクイズ』『高校生クイズ』の司会に就任。『ウルトラクイズ』ではプロレス実況で使用していた「ジャストミート！」、『高校生クイズ』では「ファイヤー！」を多用した。最近は解答者としてクイズ番組に出演することも多い。

人物 司会者

福留 功男
ふくとめ のりお

フリーアナウンサー（1942〜）。愛称は「トメさん」。日本テレビアナウンサー時代に『アメリカ横断ウルトラクイズ』『高校生クイズ』の司会を務めた。一時期、朝の情報番組『ズームイン!!朝!』のレギュラー司

会を行いながら、夏から秋にかけて両番組の司会を務め、超人的なスケジュールをこなしていた。

人物 YouTuber

ふくらP
ふくらぴー

QuizKnock メンバー（1993～）。本名は福良拳。QuizKnock では動画プロデューサーを務める。ウェブメディアだった QuizKnock を YouTube チャンネルとすることを提案し、人気の火付け役となった。謎解きやパズルが得意で、「謎解き能力検定」でも上位の常連。2022年には『クイズ！あなたは小学5年生より賢いの?』で賞金1000万円を獲得し、47都道府県のクイズ研究会に早押し機を寄贈した。『QUIZ JAPAN』vol.15では、苦手な野菜と共に巻頭グラビア写真が掲載されている。

用語 形式

Freeze10
ふりーずてん

オープン大会「abc」のコース別クイズ「number 10」の形式の1つ。

第20回大会より「10○10×」に代わって導入された。10問正解で勝ち抜け、誤答は回数に応じて休み（1回目の誤答は1問休み、2回目は2問休み……）となる。失格がないため比較的誤答に緩いルールといえるが、勝負押しが続く終盤は解答権の保持者がわずかになることも多い。

用語 専門

フリーバッティング
ふりーばっていんぐ

サークルの企画の前後などに行われる、練習的な意味合いの強い早押しクイズ。略して「フリバ」とも。3○2×や7○3×などシンプルなルールで行うことが多い。

用語 専門

フルオープン
ふるおーぷん

誰でも参加できるオープン大会。フルオープンではない大会には、「高校生限定」「学生限定」「過去に予選通過経験がない人限定」「女性限定」など、さまざまなレギュレーションが存在する。「abc」は学生限定、

「ABC」は社会人限定の大会。代表的なフルオープンの大会として、三木智隆主催の「勝抜杯」、山上大喜主催の「いろは」などが挙げられる。

人物	クイズ作家

古川 洋平
ふるかわ ようへい

YouTuberとしても活躍するクイズ作家（1983～）。仙台第一高校在学中に『アタック25』『タイムショック』の高校生大会で優勝。立命館大学在学中には、「abc」で史上唯一の3連覇を達成した。現在はクイズ作家によるユニット「カプリティオ」の代表を務める。50kg近いダイエットに成功し、2021年には『-48kgでもリバウンドなし。別人に生まれ変わる クイズ王式ダイエット』を著した。

用語	形式

分割クイズ
ぶんかつくいず

➡ヒントクイズ

用語	専門

分岐
ぶんき

早押しクイズのパラレル問題などにおいて、問題文が途中まではまったく同じで、後半で異なるものになること。確定ポイントまで読まれると分岐がなくなり、正解が定まる。例えば「日本一長い川は信濃川ですが……」と始まる問題文では、「日本一流域面積の広い川➡利根川」「世界一長い川➡ナイル川」などの分岐が考えられる。

番組	テレビ

『平成教育委員会』
へいせいきょういくいいんかい

フジテレビ系列のクイズ番組（1991～1997）。スタート時の司会は北野武、逸見政孝で、番組名に「たけし・逸見の」と冠されていた。中井美穂らが学級委員（アシスタント）、後に高島彩が助手を務めた。芸能人の出演者が「生徒」となり（「○○くん」と呼ばれた）、主に小中学校の入試問題に筆記で解答。難問に頭を悩ませ、珍

解答を発する姿がしばしば見られ、マスコット・勉強小僧の「考え中」「よくできました!」などの声でもおなじみ。レギュラー放送終了後も特番として放送。派生番組の『平成教育予備校』『熱血!平成教育学院』も誕生した。

用語　形式

ペーパークイズ
ぺーぱーくいず

⇒筆記クイズ

用語　専門

ベタ問題
べたもんだい

クイズの歴史において何度も出題されてきた問題。「茶道の流派である三千家とは、表千家、裏千家と何?」「武者小路千家」、「人気のバロメーターというときのバロメーターとは、元々何を測る装置?」「気圧」など。上記の2問は、ある程度クイズをたしなんだ者ならほぼ100%正解すると推測されるが、一般社会での知名度を考えると「ベタ問題=簡単な問題」ではないことがわかる。

用語　一般

ペナルティー
ぺなるてぃー

誤答したときに課される罰則。×がつく（3×失格など、×が規定の数になると失格）、〇問休み（毎回一定の問題数だけ休みになるもの、誤答のたびに休みの問題数が増えていくものなど）、得点が減る（〇点マイナス、0点に戻るなど）、などが一般的。誤答してもペナルティーがない場合は「ノーペナ」と呼ばれる。

番組　テレビ

『ベルトクイズQ&Q』
べるとくいずきゅーあんどきゅー

TBS系列の視聴者参加型クイズ番組（1969〜1980）。司会は押阪忍ら。タイトルどおり、帯番組として月曜日から金曜日まで毎日正午から放送。2人の出場者が「対戦勝ち抜き早押しクイズ」で対決し、勝者が「ミリオンステージ」で賞金獲得に挑戦した。アニメ『ちびまる子ちゃん』では、さくら友蔵が出場している。

運良く正解できることもある。

用語　専門

変化球
へんかきゅう

通常のクイズでは聞かれないような切り口のクイズ。具体的には、「サンドイッチの『BLTサンド』に欠かせない4つの食材は、ベーコン、レタス、トマトと何？」「パン」のような問題。変化球クイズのみの真剣勝負をうたった大会として「Sinker × Thinker〜変化球問題最強位決定戦〜」などがある。

用語　専門

ポイント
ぽいんと

早押しクイズの問題文で、答えが1つに決まる部分。「確定」「確定ポイント」とほぼ同義。

用語　専門

暴発
ぼうはつ

早押しクイズにおいて、自分が想定していないポイントでボタンを押してしまうこと。暴発気味の押しから

用語　形式

ボードクイズ
ぼーどくいず

フリップやスケッチブックなどに書いて解答する形式のクイズ。問題文が最後まで読まれたうえで、シンキングタイムが与えられ、合図とともに、参加者全員が解答を書いたボードを掲げる。

番組　テレビ

『ホールドオン！』
ほーるどおん

NHKの視聴者参加型クイズ番組（2012〜2014）。正式名称は『連続ク

イズ ホールドオン!』。フランスの番組『Tout le monde veut prendre sa place』がモデル。司会は山口智充と武内陶子（交互に担当）。4人の出場者が特定のテーマの問題に挑戦。解答形式はデュオ（2択、10点）、スクエア（4択、30点）、ストレート（選択肢なし、50点）から選ぶことができた。勝者は前日までのチャンピオンと対決し、新チャンピオン誕生または防衛となった。

用語　専門

ボタンチェック
ぼたんちぇっく

早押しクイズの開始前に、早押し機のボタンが正常に作動するかどうかを確かめる行為。一般に大会ではラウンドごとに、サークルの例会では最初に行う早押しクイズの前に行われる。ボタンチェックが終了した後、参加者は拍手をするのが通例となっており、初めて参加した人がその様子を見て驚くことも。

団体　サークル

ホノルルクラブ
ほのるるくらぶ

東京を拠点とする、現存する日本最古のクイズサークル。1972年、『アップダウンクイズ』でハワイ旅行を獲得した人たちが中心となって結成された。初代会長は囲碁棋士・小山鎮男。2023年に石野まゆみが会長に就任し、長年会長を務めた村田栄子は終身名誉会長となった。他に作家の西沢泰生、将棋士の森内俊之らもメンバーに名を連ねる。

その他

ボルティモア
ぼるてぃもあ

アメリカ・メリーランド州最大の都市。第13回『アメリカ横断ウルトラクイズ』（1989）の準決勝「激戦!!

「通せんぼクイズ」が行われ、秋利美紀雄（あきとし）、永田喜彰、長戸勇人、田川憲治の4人によって、同番組史上、最もハイレベルとされるクイズが展開された。ライターの戸部田誠はノンフィクションのクイズ小説『ボルティモアへ』（『史上最大の木曜日』として書籍化）を著している。

ポロロッカ
ぽろろっか

南米のアマゾン川で起こる逆流現象。『史上最強のクイズ王決定戦』で、クイズ王・西村顕治が「アマゾン川で／」という情報だけで「ポロロッカ！」と叫んだ伝説の早押しで知られる。助詞「で」の1文字から、「アマゾン川において起こる何らかの現象」を指すことを認知し、決勝で出題される難易度帯も考慮した、高度な読みの早押しだった。

本質情報
ほんしつじょうほう

答えの本質に関わる情報のこと。近年の競技クイズシーンで使われるようになった表現で、背景には従来のクイズで「非本質情報」が重視されてきたことへの批判や反省がある。クイズでは正解を一意に確定する必要があり、「語源」「別名」「書き出し」などの定型的な切り口が採用されがちだが、これらの情報は瑣末で本質からは遠く離れていることも多い。正解となる物事についてより詳しいプレーヤーが有利になるように問いを立てようとすると、問題文はなるべく本質情報で構成された方が望ましいということになる。

「ま」行

用語 専門

前振り
まえふり

早押しクイズの問題の冒頭部分のこと。「2月12日の命日を『菜の花忌』という、『燃えよ剣』『坂の上の雲』などの歴史小説を残した作家は誰?」という問題の場合、「2月12日の命日を『菜の花忌』という」に相当する部分。知識があれば、前振り部分でボタンを押すことが可能になり、作問者も、どのような情報を前振り部分に持ってくるかで、出題センスが問われる。「首都をバンコクに置く／」というような1対1対応の前振りもあれば、解答を確定しにくい前振りもある。

番組 テレビ

『マジカル頭脳パワー!!』
まじかるずのうぱわー!!

日本テレビ系列のクイズ番組（1990～1999）。司会は板東英二。レギュラー解答者は所ジョージ、千堂あきほ、俵孝太郎、間寛平ら。知識を問うクイズは少なく、ひらめきや頭の回転の速さを問う問題が中心。「あるなしクイズ」、リズムに乗って連想される言葉を答えていく「マジカルバナナ」、答えがわかったらマイクに向かって叫ぶ「マジカルシャウト」など、数々の人気クイズ（ゲーム）があった。

人物 プレーヤー

松尾 清三
まつお せいぞう

第1回『アメリカ横断ウルトラクイズ』（1977）の優勝者であるクイズ王（1938～）。『ウルトラクイズ』の最年長優勝者（当時38歳）でもあり、機内800問ペーパークイズでは712

点という驚異的な点数を獲得した。ニューヨークのパンナムビルで見せたダンスや、ドナルドダックの物まねなど、気さくなキャラクターで人気を博した。関西クイズ愛好会に長年所属。参加するときはお菓子を大量に買って会員に配っていた。

人物 芸能人

松嶋 桃
まつしま もも

Mリーグの公式実況を務めるプロ雀士（1984〜）。京都大学出身でクイズも強く、『アタック25』優勝を皮切りに『ザ・タイムショック』など多くのクイズ番組に出演している。2022年春に古川洋平らによるYouTubeチャンネル「カプリティオチャンネル」にレギュラーメンバーとして加入した。

ゲーム

『魔法使いと黒猫のウィズ』
まほうつかいとくろねこのうぃず

コロプラのスマートフォン用ゲーム。正式名称は『クイズRPG 魔法使いと黒猫のウィズ』。プレーヤーが4択などのクイズに正解すると、カードに眠る精霊たちが具現化し、敵の魔物を攻撃することができる。2013年に配信開始、2021年にメインストーリーが完結。使われたクイズは24万問以上にのぼる。

その他

マヨネーズ
まよねーず

2002年、『クイズ$ミリオネア』でマヨネーズの語源を問う問題を出題。選択肢は「A：海の名前」「B：町の名前」「C：人の名前」「D：山の名前」。番組が用意した正解はBだったが、Cを選択して不正解とされた挑戦者が、失った賞金650万円を求めて提訴。静岡地裁は、「取り上げた34文献全てが町名説に触れており、人名説に触れているものは1つしかない」として挑戦者の請求を棄却した。クイズ番組の正解を巡って裁判に発展した例はとても珍しい。

用語　　形式

マラソンクイズ
まらそんくいず

『アメリカ横断ウルトラクイズ』で行われた形式。早押し機を積んだ車を走らせ、解答者は走りながらボタンを押して解答する体力系のクイズ。『ビートたけしのお笑いウルトラクイズ』では、車のスピードが上がり、体力自慢の芸人が全力疾走するが、置いていかれる場面もあった。

用語　　専門

○
まる

正解を表す記号。クイズにおいては

数字とセットで正解数を表すこともあり、「このラウンドで8○したのに勝ち抜けられなかった」のように用いられる。

用語　　形式

○×クイズ
まるばつくいず

問題文が正しいか誤っているかを答えるクイズ。二者択一で勘でも50％の確率で正解できるため、小さい子供でも楽しむことができ、さまざまなイベントで行われる。『アメリカ横断ウルトラクイズ』では国内第一次予選や「どろんこクイズ」で採用され、良質な問題が挑戦者を苦しめた。『クイズ面白ゼミナール』の「ウ

ソ・ホントクイズ」、かつての『高校生クイズ』の「YES-NOクイズ」など、別の呼び名も存在する。

〇割押し
まるわりおし

早押しクイズにおいて正解する確率を意識して押すこと。問題文を確定ポイントまで聞き、間違いないことを確信して押す場合は「十割押し」と呼ばれる。

Man of the Year
まんおぶざいやー

1983年から2005年まで開催された、学生日本一を決めるオープン大会。通称「マンオブ」。主催は関東の大学クイズ研メンバーからなる「日本学生クイズ連盟」で、全盛期には600人近くが参加した。運営の困難さなどから2005年の大会を最後に開催休止が宣言されたが、2009年からは実質的な後継大会である「PERSON OF THE YEAR」が開催されている。

三浦 奈保子
みうら なおこ

東京大学出身のタレント（1987〜）。「ミス東大コンテスト2007」では、準ミス東大に選ばれた。Twitterのアカウントで「三浦クイズ奈保子」と名乗るほどクイズを愛している。気象予報士の資格を持ち、『Qさま!!』『ザ・タイムショック』などの番組で活躍。

mixi
みくしぃ

株式会社MIXIが運営するSNS。クイズ界では今なお活発に動いており、大会や例会の参戦記をあげている人が少なくない。

みけねこ堂
みけねこどう

クイズ作家による謎の集団。主に初心者向けのイベント「クイズコレクション」を定期的に開催し、問題集

『みけねこドリル』を発行。中の人が描くネコのイラストが人気。

みけねこ堂提供

人物　プレーヤー

水上 颯
みずかみ そう

『東大王』などで活躍したクイズプレーヤー（1995〜）。2012年に『高校生クイズ』で優勝し、開成高校の3連覇に貢献した。東京大学医学部進学後は『頭脳王』で2連覇。『東大王』では、伊沢拓司が東大王チームから卒業した後に大将を務めた。孫正義育英財団の1期生に選ばれている。趣味は学生時代にたしなんだ卓球で、甲府市の大会で優勝した経験を持つ。著書に『東大No.1頭脳が教える 頭を鍛える5つの習慣』など。

人物　クイズ作家

水野 圭祐
みずの けいすけ

クイズ番組を中心に活動を続ける放送作家・クイズ作家（1977〜）。『ミラクル9』『潜在能力テスト』『クイズ！あなたは小学5年生より賢いの？』など、数多くのクイズ番組を手がけ「ひらめきクイズの第一人者」と評される。『マジカル頭脳パワー!!』の常連投稿者として、問題が多数採用され、スタジオに招待された経歴を持つ。

人物　クイズ作家

道蔦 岳史
みちつた たけし

クイズ作家（1962〜）。『アップダウンクイズ』『アタック25』など数多くの番組で優勝し「TVクイズ14冠王」を名乗る。クイズ作家として『東京フレンドパークII』『クイズ＄ミリオネア』『クイズ！ヘキサゴン』など数多くの番組に携わった。

団体 サークル

Mino-Ten
みのてん

岐阜を拠点とするクイズサークル。正式名称は「岐阜クイズ愛好会 Mino-Ten」で、「美濃を制するものは天下を制す」から命名。安藤正信、隅田好史らの強豪プレーヤーが所属し、オープン大会「天4」で優勝して天下を獲った。

人物 司会者

みの もんた
みの もんた

フリーアナウンサー（1944〜）。『クイズ＄ミリオネア』の司会を2000年から2007年まで続けた。番組内で用いたセリフ「ファイナルアンサー？」は流行語となり、解答者が答えを選択してから、正解を発表するまでの「みのため」も名物となった。

人物 芸能人

宮崎 美子
みやざき よしこ

女優（1958〜）。熊本大学2年の時に『アップダウンクイズ』に出場しており、『クイズダービー』にもレギュラー出演した。「クイズの女王」として、さまざまな番組で活躍。『Qさま!!』の企画内で漢字検定1級を取得している。クイズ王の長戸勇人が大ファンであることでも知られる。

その他

御代田町
みよたまち

長野県東部の町。2019年にクイズプレーヤーの小園拓志が町長に就任したことで話題となった。小園は灘中2年のときに、灘校クイズ同好会を立ち上げた。御代田町発信の動画でも、クイズを積極的に扱っている。

番組 `テレビ`

『ミラクル9』
みらくるないん

テレビ朝日系列のクイズ番組（2012〜）。司会は上田晋也。1チーム9人の「有田ナイン」と「ゲストナイン」が対決。それぞれ3×3の席に座り、「100人アンケートクイズ」「タイムマシンクイズ」「勘違いクイズ 自分イケますけど!」など、さまざまなクイズに挑戦して「ビンゴ」を目指す。コロナ禍では1チームが5人や7人となり、「ナイン」ではなくなった。

ゲーム

『みんなで早押しクイズ』
みんなではやおしくいず

2015年にリリースされたスマートフォン向けの早押しクイズアプリ。通称「みんはや」。プレーヤーが問題を投稿する機能や、作成したルーム内で自作問題を出題できる機能を備えているのが特徴。2022年夏にゲームデザインが大幅リニューアル。元々は画面上部に問題文が表示され、中央に「早押しボタン」のみが配置されたシンプルなデザインだったが、有名声優を起用したアニメ風のキャラクターが登場した。

ゲーム

『みんはや』
みんはや

⇒ 『みんなで早押しクイズ』

人物 `プレーヤー`

村田 栄子
むらた えいこ

往年のクイズ番組で活躍した「クイズの女王」（1930〜）。40代になってからクイズを始め、『タイムショック』『アップダウンクイズ』など数々のクイズ番組で優勝。老舗サークル「ホノルルクラブ」の会長を務めた。1998年に復活した『アメリカ横断ウルトラクイズ』ではハワイで敗退し、67歳で罰ゲームのスカイダイビングに挑戦した。小学生の頃、東条英機に頭を撫でられたことがあるという。

名数問題
めいすうもんだい

「三大○○」「○○四天王」など同類のものをまとめた中から、1つを解答する問題。「江戸時代の三大改革とは、享保の改革、寛政の改革と何?」などが例として挙げられる。早押しクイズの名数問題は、読ませ押しで解答権を奪うことが多い。

Megalomania Tokyo
めがろまにあとうきょう

2021年に始まったオープン大会。鶴崎修功（ひさのり）を中心に開発されたウェブアプリ「hayaoshi」を使い、4人から2人勝ち抜け、エンドレスチャンスの7○×を繰り返して優勝者を決める。事前録音の問い読み音源とヘッドホンの活用により大量の対戦を同時進行できるのが特徴で、2022年11月の第3回大会では最大32カードが一斉に行われた。問題作成は鶴崎と共に水上颯（そう）が担当して

おり、端正な短文クイズをベースにしながら、「高知能なぞなぞ」など遊び心を感じさせるギミックがちりばめられている。

「もう一度」
もういちど

クイズの解答が惜しかったときに、正誤判定者が再度、解答を求めるための言葉。聞き取りづらかったときは「聞こえませんでした」と発声する。この2つのフレーズは、近年に一般化した概念で、オープン大会「abc」や、それに準じた若い世代の大会で使われることが多い。

森内 俊之
もりうち としゆき

永世名人の資格を持つ将棋棋士（1970～）。クイズが趣味で、慶應クイズ研究会や老舗サークル「ホノルルクラブ」に参加。棋士の佐藤康光を誘って『アメリカ横断ウルトラクイズ』に挑戦したこともある。『アタック25』では1995年に一般枠で

出場、2005年のタレント大会では優勝した。バックギャモンもかなりの腕前で、2014年の世界バックギャモン選手権では4位入賞を果たしている。

人物 　文化人

森本 栄浩
もりもと しげひろ

TBS系列の毎日放送で長く活躍するアナウンサー（1961～）。学生時代に『アップダウンクイズ』で優勝し、『アタック25』では1983年の年間チャンピオンに輝いた。毎日放送のクイズ王として、さまざまな番組で紹介されている。高校野球に造詣が深く、300校ほどの校歌を歌え

る。『皇室アルバム』のナレーターも長く務めた。

団体 　サークル

モンキーズ
もんきーず

関西を拠点とするクイズサークル。1995年、大森孝宏を初代会長として結成。難問クイズを主体とした例会が毎月開催され、奥畑（横田）薫、久保隆二ら関西の強豪プレーヤーが多数名を連ねている。難問クイズの世界で一時代を築いた牟禮大造（むれだいぞう）が2007年から会長を務める。

用語 　専門

問題つぶし
もんだいつぶし

早押しクイズで、問題が読まれてすぐに故意に誤答するなどして、他のプレーヤーに解答権を与えないこと。「問題数限定があるルールで、次の問題を相手に正解されなければ自分が判定で勝利する」といった場面で行われることがある。

イズ作家も多数参加しており、バラエティーに富んだテーマのクイズに挑戦することができる。

問題読み
もんだいよみ

⇒問い読み

『Mondo』
もんど

2022年6月にQuizKnockがリリースしたクイズゲーム。前年に世界的にヒットした『Wordle』のように、毎日更新されるパズルゲームの要素が組み込まれている。ユーザーは1文字ずつ伏せられた問題文から任意の文字を開け、正解がわかったと思った時点で答えを入力する。どれだけ少ない文字開けで正解にたどり着けるかが腕の見せどころ。結果がよくTwitterでシェアされている。

問答家族
もんどうかぞく

アイオイクス株式会社が運営するクイズやアンケートの投稿サイト。「オフィシャル出題者」として著名なク

「や・ら・わ」行
ん

やく みつる
やく みつる

漫画家（1959〜）。スポーツ新聞や雑誌の時事ネタ漫画、似顔絵で知られ、コメンテーターとしても活躍。豊富な知識を生かし、『Qさま!!』などのクイズ番組でも優勝争いの常連となった。昆虫、世界地理、漢字など、さまざまな分野で深い知識を持ち、博識芸能人の代表的存在。

矢野 了平
やの りょうへい

クイズ作家・放送作家（1977〜）。『高校生クイズ』『ミラクル9』などのクイズ番組のほか、バラエティー番組の作家も広く務める。共著の『美しいナゾトキ』を出すなど、謎解きの作家としても多方面で活躍。学生時代からの盟友である日髙大介と『プロフェッショナル 仕事の流儀』に出演。お笑いコンビのチョコレートプラネットに「ヤノとヒダカ」として物まねされている。調理師免許を取得し、グルメな一面も。

山本 祥彰
やまもと よしあき

QuizKnockメンバー（1996〜）。早稲田大学クイズ研究会出身。先進理工学部に在学中からQuizKnockに参加し、漢検1級に合格するなど漢字問題に強みを持つ。早稲田大学高等学院時代には第34回『高校生クイズ』で4位に。謎解きも得意で、QuizKnockの「ナゾトキ制作班」を率いている。

ヤンヤンつけボー
やんやんつけぼー

明治のスナック菓子。チョコを付けて食べるスティックに、日本の行事に関するクイズが掲載されている。

『幽☆遊☆白書』
ゆうゆうはくしょ

冨樫義博の漫画。作品の中で描かれた架空のゲーム「ゲームバトラー」

で早押しクイズが登場。「ポロロッカ」が正解の問題が出題された。

用語　専門

指
ゆび

早押しクイズにおいて、ボタンを押す時には手の指を用いることが多いため、早押しの早さをたとえる言葉として「指が早い」「指が遅い」という言葉が使用される。「関東指オープン」「指喧嘩祭」など、オープン大会の名前に使われることも。

用語　専門

指勝負
ゆびしょうぶ

何度も出題されてきたベタ問題をコンマ数秒の差で争うこと。ボタンを押す指の早さで勝負が決まるための呼称。ベタ問題が「指問題」「指問」と呼ばれることもある。

書籍　雑誌

『ユリイカ』
ゆりいか

青土社の月刊誌。2020年7月号の特集は「クイズの世界」。対談「クイズ王とは何者なのか?」のほか、クイズの王権、競技クイズの瞬間、クイズのつくりかた、クイズ−メディア史など、さまざまな側面からクイズにスポットを当て、クイズプレーヤー、クイズ作家から小説家や漫画家まで30人以上が寄稿した。

用語　専門

よーいドン
よーいどん

早押しクイズで全員の指が一斉に動くような、わかりやすいポイントがある問題のこと。

書籍　雑誌

『幼稚園』
ようちえん

小学館の幼児雑誌。2021年11月発売号で、『アメリカ横断ウルトラクイズ』のウルトラハットが付録として登場した。レギュラー放送終了から29年後のコラボ付録に「親世代でも知らないのでは?」「祖父、祖母向けでは?」という声が聞かれた。

読ませ押し
よませおし

早押しクイズで、問題文の確定ポイントのほんの少し手前でボタンを押し、出題者にキーワードの冒頭を読ませたうえで解答するテクニック。名数問題で特に有効となる。例えば「日本三名園といえば、茨城県の偕楽園／、石」で押して、「（岡山県の）後楽園」を答えるもの（石川県は兼六園）。読ませ押しは指先のテクニックと思われがちだが、整理された知識と正確なアウトプット能力が必要となる高等技術と言える。

読み切り
よみきり

早押しクイズで問題文を最後まで読むこと。「読み切りノーペナ」というルールは、問題文を読み切った後にボタンを押して誤答してもペナルティーはないという意味。

ラボクイズ
らぼくいず

2014年、クイズ作家の古川洋平が東京・道玄坂の実験型イベント企画スペース「ヒミツキチラボ」で始めたクイズイベント。初心者向けの「はじめてのクイズ」ではクイズのマナーに関するレクチャーも実施。他にも超簡単な問題が出題される「かんたんクイズ王決定戦」、2人組で参加する「ふたりクイズ」など、さまざまな企画が行われた。ここでクイズを始めた人たちを「ラボ（クイズ）勢」と呼ぶことも。

リーチ
りーち

勝利まであと1問正解で到達する状態。あと1問誤答すると失格となる状況はトビリーチ（トビリー）という。ダブルリーチ（ダブリー）は、勝利と失格の両方がリーチとなること。

立命館大学
クイズソサエティー

りつめいかんだいがくくいずそさえてぃー

立命館大学のクイズサークル。通称はRUQS。1982年に稲川良夫が設立し、1987年から『アメリカ横断ウルトラクイズ』で稲川、瀬間康仁、長戸勇人が3連覇の偉業を達成した。1990年代以降もクイズの名門として名を馳せ、『史上最強のクイズ王決定戦』などで活躍した小林聖司、「abc」3連覇を果たした古川洋平らを輩出。1993年に刊行した『RUQSのクイズ全書』には会員のプロフィルなども掲載された。

用語　　形式

リレークイズ

りれーくいず

問題に対して、正解が出るまで解答者が一人ずつ順番に答えていく形式。また、早押しクイズでは、解答者が複数の列に並んで先頭の人同士が対決し、正解した人が1人ずつ勝ち抜けていく形式を指す。『クイズ！ヘキサゴンⅡ』(行列早抜けリレークイズ)や、チーム戦のオープン大会「EQIDEN」などで採用された。

用語　　専門

例会

れいかい

クイズサークルで定期的に開かれる集まり。決められた企画者が企画や問題を準備するのが一般的だが、参加者全員が問題を持参する持ち寄り例会などもある。強豪サークルの例会で優勝することは、オープン大会で優勝するのと同じくらい難しい。高校のクイズ研究会においては、各校が持ち回りで主催する大会も「例会」と呼ばれる。

用語　　一般

レギュレーション

れぎゅれーしょん

大会や例会における参加条件のこと。「学生限定」や「クイズ歴5年以下」などのレギュレーションを設ける大会があり、レギュレーションのない大会は「フルオープン」と呼ばれる。

番組 `テレビ`

『連続クイズ
ホールドオン!』

れんぞくくいずほーるどおん

→ 『ホールドオン!』

用語 `専門`

連答

れんとう

早押しクイズで連続して正解すること。連答するとボーナスポイントが入る形式や、即勝ち抜けとなる形式などがある。オープン大会では、連答権を持っているプレーヤーが起立することも。スルーや他人の誤答では、連答権が消えない場合が多い。

用語 `形式`

ローリングクイズ

ろーりんぐくいず

早押しクイズの形式。横ローリングと縦ローリングがある。横〜は、早押しボタンの数より参加者の人数が多いときなどに行われ、参加者が一列に並び、一定の問題数ごとに列が移動するもの。縦〜は、参加者が複数の列に並んで先頭の人同士が対決。正解すると勝ち抜けたりポイントが入ったりするもので、誤答や他の列の人の正解の場合は、列の最後尾に移動するルールが多い。縦〜の元祖は『アメリカ横断ウルトラクイズ』で、「空席待ちクイズ」と呼ばれた。

番組 `ネット`

『LOCK OUT!!』

ろっくあうと

ニコニコ動画とYouTubeの「クイズLIVEチャンネル」で放送されているクイズ番組(2014〜)。司会はチャンネル監修者の佐々木康彦、出題者はクイズ作家の野田修平、声優の草棚祐史ら。どの形式でも、1

問の誤答で失格となる。麻雀卓を囲むように4人の参加者が座り、早押しクイズで対戦。16人→8人→4人→1人と人数を絞り、優勝者を決める。半年に1度、優勝者とワイルドカード出場者による「チャンピオン大会」が実施されている。

World Quizzing Championships

わーるどくいじんぐちゃんぴおんしっぷす

International Quizzing Association（IQA）が主催する国際的なクイズ大会。2003年に始まり、2017年から日本も参加。全世界で同じ日に同じ問題を用いて行われ、その国の言葉に翻訳された問題と英語のどちらかを選択して受験する。日本ではMotohiro Goshimaがトッププレーヤーとして知られる。

『ワールド・クイズ・クラシック』

わーるどくいずくらしっく

TBS系列のクイズ特番（2011）。司会は唐沢寿明。総合演出の乾雅人をはじめ、人気特番『SASUKE』のスタッフが制作した。東京ビッグサイトに集結した30人のクイズ王と3人の芸能人が、巨大なセットで行われるクイズに挑戦。1stステージの「ア・ラ・カルト」は、1人ずつセットを移動しながら、さまざまなクイズに解答する、『SASUKE』をオマージュした形式だった。決勝の「ザ・タワー」（1対1、10問先取）では隅田好史が石野まゆみを破り優勝。世界一周旅行とトヨタ自動車のヴェルファイアを獲得した。現在も公式サイトが残されており、出場者のプロフィルなどを見ることができる。

若獅子杯

わかじしはい

関西で開催される、中学生・高校生

向けのオープン大会。2006年に第1回が開催された。基本問題を中心に構成され、同時期に開催される「高校生オープン」とともに、中高生プレーヤーの目標となる大会。

ツール

早稲田式クイズ早押し機

わせだしきくいずはやおしき

2018年に販売を開始した早押し機。名称は製作者が早稲田大学クイズ研究会のOBであることに由来。全国のサークルやクイズYouTuberらに愛用され、コードがないワイヤレス式も人気を集めている。

団体　サークル

早稲田大学クイズ研究会

わせだだいがくくいずけんきゅうかい

早稲田大学のクイズサークル。通称のWQSSは「Waseda Quiz Studying Society」を略したもの。全員がクイズをしているわけではなく、クイズ勢はサークル内サークルの「紺碧」や「群青」で腕を磨く。オープン大会並みの規模を誇る部内杯「森屋杯」が名物。クイズ王の西村顕治、日本クイズ協会代表理事の齊藤喜徳、クイズ作家の石野将樹、「abc」優勝者の佐谷政裕、Quiz Knockの山本祥彰らを輩出した。

番組　テレビ

『私の秘密』

わたしのひみつ

NHKのクイズ番組（1955〜1967）。アメリカで放送された『I've Got a Secret』がモデル。司会は高橋圭三ら。解答者は4人の著名人。珍しい特技や体験を持つ一般人が登場し、その「秘密」を当てるという内容。高橋の「事実は小説より奇なりと申しまして……」という冒頭の決まり文句が有名だった。

大会
WHAT
わっと

QuizKnock が主催する、全国の高校生以下を対象としたクイズ大会。2022年に第1回が開催され、大会長を河村拓哉、問題チーフを森慎太郎が務めた。全国から2392人が予選に参加し、東大寺学園高校3年の松崎颯樹が優勝。優勝賞品のプレゼンターとして、ノーベル物理学賞受賞者の小林誠が登場した。

その他
Watson
わとそん

IBM が開発した拡張知能システム。2011年、クイズ番組『Jeopardy（ジェパディ）!』に出場。事前に百科事典など2億ページ分の情報を取り込み、インターネットには接続していない状態で、74連勝を誇るケン・ジェニングス、累計330万ドルを稼いだブラッド・ラターという2人のクイズ王に勝利。しかし、「アメリカの都市」というジャンルの問題で「トロント」（カナダ）と答えるなど、思いがけない弱点も露呈した。

人物　プレーヤー
ワロドム・ジアムサクン
わろどむじあむさくん

タイ出身のクイズプレーヤー（1979〜）。高校時代に「タイ版の高校生クイズ」で準優勝。日本に留学後、大阪大学クイズ研究会に所属し、2003年には『アタック25』で優勝、年間チャンピオン決定戦にも進出した。特番の『超クイズサバイバー』に出演したときは、芸能人集団からワロドムコールが起こった。タイ語、英語、日本語のトリリンガル。

その他
ンジャメナ
んじゃめな

アフリカの国、チャドの首都。通常のしりとりでは「ん」が最後につくと負けになるが、クイズの世界では「ん」から始まる単語が共通認識として存在している。他に「ンゴロンゴロ保全地域」（タンザニア）、『ん廻し』（古典落語）なども。

クイズの効能

「**ク**イズをやって何か得しますか?」「何のためにクイズやっているの?」と問われることがあります。クイズは資格試験ではありませんので、クイズに強くなっても社会的に役立つわけではありません。ほとんどの趣味はそのような性質にあると思います。ボウリングがうまくなること、テニスがうまくなること、それは「やっていて楽しい」に尽きると考えます。

　2021年に出版された『**クイズ思考の解体**』では「クイズをクイズのままに」と題したあとがきのなかで「クイズの価値だとか効能だとか、そんなものを謳わずとも、クイズはクイズであるだけで良い」という**伊沢拓司**さんの魂の叫びが紙面に躍り、2022年に世に出た『**史上最大の木曜日**』には「なぜ(クイズを)やるのか。愚問だ。楽しいからに決まっている」と帯の目立つところに記載されています。

　まったくそのとおりで、**クイズプレーヤー**が何かの役に立つようにクイズをしているという話はほぼ聞きません。その一方で、クイズを趣味として続けた結果、想像せぬところで、クイズから恩恵を得たと感じることもあります。

　私だけの狭い見識でこれらを論じるより、クイズプレーヤーの実体験を紹介できればと思い、2022年末に「クイズをやっていてよかったこと」をTwitterで意見募集したところ、100以上の声をいただきました。

　そのなかから抜粋して、クイズを続けた結果得た効能や長所をご紹介したいと思います(一部、表記を改めています)。

話題に事欠かない

- 初対面の人との話題に困らない。必ず「刺さる」単語を知っているからすぐ仲良くなれる。

- 親子の世代間で知らないことを、お互いに教え合って話が広がる。
- 年配の方と話をするとき単語のとっかかりが増えた。
- （高齢者施設の）お客さんに昔の出来事（昭和時代の話など）の話をすれば食いついてくれる。
- マイナーな趣味の人ほど、そのことを知っているだけでとても喜んでくれる。距離が縮まりやすい。

「話題に困らない」には、かなりの数の意見が集まりました。会話はキャッチボールにたとえられますが、相手がどんな球を投げてきても、ある程度受け止められますし、また、投げ返すことができます。「クイズはコミュニケーションツール」という言葉があり、コミュニケーションを取るための大きな武器となります。話の脱線が果てしなく続いて、雑談がいつまでたっても、終わらないということもありますが……。

人脈の広がり

- 全国どこに行っても知り合いがいる。転勤した時には大変ありがたい。
- まずつながることがないであろう人とつながることができた。
- 同じ趣味を通じて全国津々浦々、あらゆる世代と交流を持てた。
- サークルで、今の妻に出会えた。
- 学校外の仲の良い人がたくさんできた。

「共通の趣味を持つ友達ができた」という話は、他の趣味でもありますが、クイズで特徴的なのは、老若男女、古今東西を問わずに友人や知り合いができる点です。転勤先で新たなサークルに参加する人もいますし、中高生、大学生が、大人といっしょにボタンを持つシチュエーションも多くあります。大人に有利な問題も出ることもあれば、学生が早く押せる問題もあり、お互いが知らない世界を教え合うような世界が広がっています。私も学生のときに、親よりも年上の方がいらっしゃるサークルで、会場取りや雑用などをしており、社会人となってから、生かされる点がとても多かったです。

スポーツや勝負ごととしての楽しみ

- 勝つということの心理や、判断などをいろいろと考えることができること。勝ったときの快感がすごい。

- 努力が報われるってなかなかないことで、とても難しいけど、クイズは他の競技より報われやすい。

- スポーツを見るのが好きなので、自分も賞や順位を競える場に居られることが幸せです。

　『**史上最強のクイズ王決定戦**』などで活躍された**クイズ王・西村顕治**さんは「クイズは頭の格闘技」と表現されていました。相手よりもわずかに早くボタンを押すことを競い、森羅万象から１つの答えを瞬時に選んで解答**する競技クイズ**は、れっきとしたスポーツと考えています。記憶力、瞬発力、判断力、先読みの力、戦況把握の力、駆け引き、度胸を駆使した真剣勝負です。クイズのトッププレーヤーは、オリンピックに出場するようなアスリートと同じようなマインドで、脳の鍛錬をしています。

知的好奇心

- 新しいジャンルを知ることへのハードルが低くなったことです！
- 興味のアンテナが信じられないくらいに広がった。
- 世界の解像度が上がり、それを実感できる。
- 世の中の疑問に納得する理由をみつける癖がついたこと。
- 変に構えず、調べたり話を聞いてみたりする癖が自然とついてきました！

　クイズをたしなむ人たちは、まったく知らない世界への抵抗感が低いです。どんなことでも出題対象となりうるので、クイズと関係ない友人の趣味を聞いて、そこを深掘りするようなこともあります。「解像度が上がる」という表現は複数の方がしています。例えば、日本の運転免許証の下１桁が「免許の再発行の回数」を指していることを知っていれば、免許証を見ただけで、保有者の性格が何となくわかるかもしれません。一般の方が気にかけないよ

うな些末なことを知っていると、世の中がより鮮明に見える可能性があります。

クイズと生活のつながり

- あ！クイズで出たものだ！っていう感じの発見を楽しめる。
- クイズで覚えたことや知ったことに遭遇すると、単純にうれしい。
- 世界が広がったと如実に感じられる。
- 旅行がより楽しめる。

　クイズをやっていると無駄知識を豊富に持っているため、一般の方が何も驚かないようなことでも、テンションが上がります。日本のスターバックスコーヒーで最も大きいサイズは590ミリリットルのベンティです。イタリア語で「20」を表すベンティは20オンス（1オンスは29.57ミリリットル）を表すために名前が付いたということを、注文の列で待っているときに、友人に話すと、話のタネになるかもしれません。

　冬空で星が綺麗に見えたときは「冬の大三角も、冬のダイヤモンドも綺麗にみえる。きょうはリゲル、ベテルギウスだけでなく、ミンタカ、アルニラム、アルニタク（真ん中の三つ星）も綺麗に見えるな」と感傷にふけることができます。

　旅行先では、さらに話が止まりません。沖縄へ旅行に行くと、多くの方が美ら海水族館や国際通りなど、人気の観光名所を楽しむと思いますが、クイズプレーヤーは「国道507号線！　日本で一番番号の大きい国道！」「読谷村は人口が最も多い村」、タクシーの運転手が比嘉さんだったら「比嘉って沖縄で一番多い名字なんですよね？」という会話から、話が膨らむかもしれません（変な目で見られることも多いです）。

実社会で役立つ

- クイズやってなかったらつまらなかったであろう授業とか話とかが面白く聞こえるようになった。

- 作問を通じて、ちゃんとした文章を書けるようになりました。
- 文章構成力がめちゃくちゃ付いた。
- 就活の筆記試験（一般常識系）が有利になった。

　前述のとおり、何かの役に立てるためにクイズをやっている人はほとんどいないという肌感覚がありますが、結果的に役に立つことはあります。学校のテスト、特に社会科系は、クイズで地理、歴史、法律などを一通りマスターしておくと有利になります。クイズプレーヤーには土日休みが取りやすい公務員の方が多く、受験する理由の1つに「公務員試験で出題される一般常識で有利」という話はよく聞きます。また、クイズの問題文を聞いたり、添削したりすると、日本語能力も上がります。大学の後輩に、タイ人のクイズプレーヤーがいますが、クイズを通じて、一般的な日本人よりも日本語に詳しくなっている気がします。

　そして、目標を達成するには何を頑張らないといけないかという逆算思考でクイズに取り組むことは、受験勉強や資格試験で必要なプランニングに通じる部分があり、規模を大きくして考えると、人生設計などでも役に立つと思います。

テレビに出られる

- 『99人の壁』に出演できたことと、そこで壁友ができたこと。
- 子供の頃憧れたクイズ王と戦うことができた。

　今では視聴者参加型のクイズ番組は少なくなりましたが、「テレビに出たい」という目標を、比較的低いハードルで叶えてくれます。高校の部活動で最もメディア露出が高いのは、春夏の甲子園大会が生中継される野球部だと思いますが、『**高校生クイズ**』や『**東大王**クイズ甲子園』などがゴールデンタイムの時間帯で放送されるクイズは、文化部系ではかなり露出が高い部活だと感じています。

多様さの理解

- 人との違いを知ることができました。自分が常識だと思っていたことも他の人からすれば違う場合や、その逆の場合もあります。クイズを通して、個々がこれまで触れてきたものが違うということを実感し、人の多様性を再認識できるのが面白いです。

- 世界のあらゆる営みを切り取ってクイズ化する作問者の視点の多様さに触れることができる。

　自分の常識は他人の非常識で、その逆もまた真です。興味を持つ対象自体が、千差万別。そのことを、クイズを通じて体験できるのもクイズの魅力ですね。「他人が好きなことを否定しない」ことは社会生活を送る上でとても大事な考え方とされますが、森羅万象の事柄が出題されるクイズの世界では、そのことが徹底されている気がします。

他の趣味とリンク、世界が広がる

- クイズで単純に知っていることが増えることで、日常に楽しめることが増えた。クイズ前は興味がなかったスポーツをクイズきっかけで観てみたら面白かった、クイズで知った本や漫画にとてもハマった、クイズで知った画家が増えたから美術鑑賞が楽しくなった。

　ナチュラル知識でクイズを解く場合、興味があって元々知っていたという理由で答えるのが、普通の順番ですが、その逆もあります。クイズで知ったことを調べていくうちに、ここはどんな世界なんだろう?とのぞき見していくのです。美術館、博物館、動物園、植物園などに行ってみて、本物に触れることで、生活に深みが生まれます。ちなみに、クイズプレーヤーは「園」と「館」がつく施設が大好きです。ビール園も好きな人が多いです。

青春が続く

- 問題を出されてわかったときの快感を、大人になっても感

じられる。
□ 部活動のような楽しさをずっと味わえている。

　クイズは体力差があまり関係なく、年を経てさまざまな経験をしてきたからこそ答えられる問題もたくさんあります。生涯スポーツという面があり、青春がずっと続きます。小さいときに出された「**なぞなぞ**」を答えられたときの喜びがずっと続き、そしてクイズは無限にあります。終わりのない壮大な趣味です。

　以上、クイズプレーヤーの皆さまからの声を一部ですが、お届けしました。冒頭に書いたように、何かの役に立てるためにやっているわけではありません。根本にあるのは「クイズがしたいから」「単純に楽しいから」というストレートな動機です。私は大学の**クイズ研究会**に入ってから、ボタンを押したり、問題を作って発表したりする活動を続けてきて、間違いなく、人生が豊かになりました。ここまで読み進めてこられたあなたは、クイズに興味はあるけど、本格的にやることに尻込みしている方かもしれません。肩肘を張らず、ぜひ深遠で楽しいクイズの世界に一歩足を踏み入れてください。（三木智隆）

　2021年の夏。私は、伊沢拓司さんが執筆した大著『クイズ思考の解体』の原稿を抱え、当時の編集者さんと東京・有楽町の喫茶店で打ち合わせをしていました。試し刷り数百ページに、私なりの意見を書いたものを手渡し、読後感を述べるなかで、編集者さんと一致したのは「伊沢さんの本、本当に力作なんですけど、一般の読者にはハードルが高すぎますよね…」という感想です。

　高尚で哲学的な内容を含む原稿は、私のように25年近くクイズに携わっている人間にとっても、完全に理解できない部分がありました。「もっと簡単にクイズのゲートウェイになる本があるといいですよね。クイズの世界で使われる言葉を紹介する本があれば楽しいかもしれませんね」と編集者さんに何気なく伝えた一言から、『クイズ用語辞典』のプロジェクトが始まりました。とんとん拍子に話は進み、出版の話がその年の秋にまとまります。旧知のクイズ関係者、友人に協力を仰ぎ、執筆作業が始まりました。そこから紆余曲折を経ておよそ１年半。ようやくこの本が、日の目を浴びることを、とてもうれしく思います。

　この本を作るために、さまざまな方にお世話になりました。特にクイズ王であり、生粋のクイズファンである能勢一幸さんには本文のチェックだけでなく「この見出し語は必要ないですか？」と多数の提案もいただきました。クイズカルチャーマガジン『QUIZ JAPAN』からも、クイズの歴史面を中心に貴重な意見をいただきました。他にも、多くの方にご支援、ご助言をいただきました。この場を借りて、感謝申し上げます。

　クイズは時と場所を選ばず、ひとりでも大人数でも楽しめ、生涯にわたって遊ぶことができる趣味です。クイズに触れることで、読者の方の生活に彩りが加わることになれば、これ以上に幸せなことはありません。

（三木智隆）

クイズ用語辞典の裏切り
ー Ce n'est pas un dictionnaire.

伊沢拓司

　すごい本だ。出すのが5年は早かった。
しかもそれは「早すぎた天才」とかじゃ
なくて、「ちょ、ちょっとまって！　まだみんな受け止める準備ができてな
いから！」的な早さだ。

　本書は、タイトルに反して「クイズについて調べる辞書」的な使い方を
するものではない（と私は思う）。「クイズにまつわるさまざまなワードを
切り口に、クイズ文化の諸相を楽しむ」ための、エンタメ寄りの一冊だと
言えよう。エンタメ偏差値の高い方か、クイズ文化に体の一部または全部
を突っ込んでいる人向けである。読み物単体としてクスクス楽しく読める
のは間違いない。しかし、意味を理解し、用語集として楽しむことを想定
したときには、もう少しクイズ文化への入口が整備されていたり、一般的
なエンタメになっていたりといった世界線のほうが、この本を受け入れる
余地は広かっただろう。

　一方で、5年後にその世界線を迎えているとして、はたしてこの本が出
版されたかもまた疑問だ。勇気と情熱なくして本書は成立し得ないし、そ
ういったモメンタムは狙って生まれるものではない。一気に燃え、すぐ消
える炎のような意欲をもってこそ為せる仕事である。5年後に企画したら
「せっかくだし実用性の高い、みんなの統一見解があるような単語に絞り
ましょう」的な窮屈さが求められる気もする。そういう意味では、「すで
にある」という状態をいま作り出せたことには意義があるだろう。

かくしてこの挑戦的な作品は世に放たれた。改めてリスキーである。ま
ずもって単語の粒度、説明の粒度が揃っていない。「なぜこの単語が入っ
てない?」「もっと書くべきことがあるだろう」「主観入りすぎじゃね?」
という指摘はいくらでもできる。この点からも四角四面に「辞典」として
読むべきではない。私は長谷川 晶一『プロ野球語辞典』を範とした「入
り交じる主観を楽しむ辞典風の『読み物』」だと思って本書を眺めた。む
しろ、80年代以降のクイズ界自体が、プロ野球と違って「皆が同じもの
を見ているわけではない」世界である以上、同書以上に辞書らしくない作
品とならざるを得ない。諸説紛々の状態ゆえ、「ちゃんとやる」こと自体
が土台無理なのだ。エンタメに留める姿勢は正着だと言えよう。

　クイズ文化について綴った比較参照可能な文献が少ないため、ここに何
かを書き残してしまうこと自体が誤認を広げてしまうリスクももちろんあ
る。読み物としての面白さと誤認のリスクのせめぎあい。現在のクイズ文
化が持つ訴求力を考えたときの折り合いが本書の塩梅だった、ということ
だろう。その度合いについては、議論が歓迎されるポイントである。

　そういったあたりも含め、ぜひこれを読んでなにかを思ったクイズ文化サ
イドの諸氏には、評価や評論、対案を期待したい。SNSでも、労力への対
価が必要ならば電子書籍同人出版(※クイズ界におけるメジャーな方法なのだ)
でもかまわない。できれば(これはクイズに関するすべての言説に対しての願
いなのだが)キュレーションやまとめが発生してくれるととても助かる。今
後のクイズ文化のために、アーカイブは大切である。形への残りやすさな
どは書籍と異なるかもしれないが、書籍とインターネット上の文章の価値は、
かつてに比べれば遥かに釣り合ってきているはずだ。いずれ「クイズの辞典」
が作れるくらいの、活発かつ進歩的な議論を紡いでいきたい。

著者紹介

田中健一（監修、著）

1970年生まれ、大阪府出身。東京大学クイズ研究会出身。第16回『アメリカ横断ウルトラクイズ』優勝。『TVチャンピオン』（クイズ作家王選手権）優勝。現在はクイズ作家・校正者。著書『田中健一の未来に残したい至高のクイズⅠ・Ⅱ』。

三木智隆（著）

1978年生まれ、奈良県出身。大阪大学クイズ研究会出身。通信社でスポーツ記者を務めながら、趣味のクイズに携わる。『パネルクイズ アタック25』優勝、『クイズ＄ミリオネア』100万円獲得、『LOCK OUT!』グランドチャンピオン大会2勝。オープン大会「勝抜杯」（1999～）、クイズのトレーニングジム「QUIZBASE」主催。

石野将樹（著）

1984年生まれ、千葉県出身。早稲田中学入学とともにクイズを始める。早稲田大学を卒業後、2017年に会社員からクイズ法人カプリティオのクイズ作家に転身。現在はQuizKnockを運営する株式会社batonに所属する。

徳久倫康（著）

1988年生まれ。早稲田大学卒業後、批評家の東浩紀が創業した株式会社ゲンロンに勤務。現在はQuizKnockを運営する株式会社batonに所属する。クイズのオープン大会で通算100勝を記録。論考に「国民クイズ2.0」「競技クイズとはなにか」など。

荒井 牧（イラスト）

子供の頃に見たウルトラクイズでクイズに憧れる。子育てがひと段落してから競技クイズという物を知り、日々のんびり楽しんでいる。

デザイン	細山田デザイン事務所
	（室田 潤、米倉 英弘、グスクマ・クリスチャン）
編集デスク	福井洋平
編集	直木詩帆
校閲	鴎来堂、田中健一
編集協力	森隆徳、能勢一幸、市川尚志、伊藤倫、伊沢拓司、
	栗林祐太
イラスト協力	みけねこ堂

参考文献

『アメリカ横断ウルトラクイズ』1-16　日本テレビ放送網／『君のクイズ』小川哲著 朝日新聞出版／『クイズ思考の解体』伊沢拓司著 朝日新聞出版／『QUIZ JAPAN』1-15 セブンデイズウォー／『クイズは創造力〈理論篇〉〈問題集篇〉〈応用篇〉』長戸勇人著　情報センター出版局／『クイズ文化の社会学』石田佐恵子、小川博司編 世界思想社／『国民クイズ』杉元伶一原作、加藤伸吉作画 太田出版／『最強！クイズ番組読本』テレビ発掘プロジェクト編 白夜書房／『史上最大の木曜日』戸部田誠著 双葉社／『水津康夫のクイズ全書』水津康夫著　情報センター出版局／『ナナマル サンバツ』全20巻 杉基イクラ著 KADOKAWA／『能勢一幸のクイズ全書 Ⅰ・Ⅱ』能勢一幸著　情報センター出版局／『日本2.0』東浩紀編 ゲンロン／『ユリイカ』2020年7月号 特集＝クイズの世界 青土社

史上初！ これ1冊でクイズのことがまるっとわかる

クイズ用語辞典

2023年4月30日　第1刷発行

著者	三木智隆、石野将樹、徳久倫康
著・監修	田中健一
イラスト	荒井牧
発行者	片桐圭子
発行所	朝日新聞出版
	〒104-8011
	東京都中央区築地5－3－2
	電話　03-5541-8833（編集）
	03-5540-7793（販売）
印刷所・製本所	大日本印刷株式会社

ISBN978-4-02-332237-0

定価はカバーに表示してあります。
落丁・乱丁の場合は弊社業務部（03－5540－7800）へご連絡ください。
送料弊社負担にてお取り替えいたします。